AF283844

Inteligencia artificial para empresas: transformación digital práctica. ADGD0091

Yolanda López Benítez

ic editorial

Inteligencia artificial para empresas: transformación digital práctica. ADGD0091
© Yolanda López Benítez

1ª Edición

© IC Editorial, 2026

Editado por: IC Editorial
c/ Cueva de Viera, 2, Local 3
Centro Negocios CADI
29200 Antequera (Málaga)
Teléfono: 952 70 60 04
Fax: 952 84 55 03
Correo electrónico: iceditorial@iceditorial.com
Internet: www.iceditorial.com

ISBN: 979-13-7027-186-2
Depósito Legal: MA 498-2026

Impresión: PODiPrint
Impreso en Andalucía – España

Nota de la editorial: IC Editorial pertenece a Innovación y Cualificación S. L.

Especialidad formativa

Se entiende por especialidad formativa la agrupación de contenidos, competencias profesionales y especificaciones técnicas que responde a un conjunto de actividades de trabajo enmarcadas en una fase del proceso de producción y con funciones afines.

Las especialidades formativas de Uso General, Formación Complementaria, Formación Modular y las especialidades formativas dirigidas a la obtención de certificados de profesionalidad se incluyen en el Fichero de Especialidades del Servicio Público de Empleo Estatal para su gestión en todo el territorio nacional por cualquier Administración competente.

Las especialidades complementarias, pertenecen todas a la Familia profesional de Formación Complementaria (FCO) y tienen la consideración de formación transversal en áreas que se consideran prioritarias tanto en el marco de la Estrategia Europea para el Empleo y del Sistema Nacional de Empleo como en las directrices establecidas por la Unión Europea. Se consideran áreas prioritarias las relativas a tecnologías de la información y la comunicación, la prevención de riesgos laborales, la sensibilización en medio ambiente, la promoción de la igualdad, la orientación profesional y aquellas otras que se establezcan por la Administración competente.

Las especialidades de Certificado de profesionalidad tienen una duración especificada en su normativa reguladora.

En el resultado de la búsqueda, se muestran las unidades de competencia, todos los módulos formativos con su duración y las unidades formativas del certificado correspondiente, con su duración. Las horas del certificado, exclusivo de las especialidades de certificado de profesionalidad, con alta igual o superior a 2008, son las horas totales más las horas del módulo de Prácticas Profesionales no Laborales.

➲ **Si la especialidad tiene unidades formativas,** las horas totales, presencial, distancia, teleformación serán igual a la suma de esas horas de las unidades formativas de los distintos módulos, sin que se repita ninguna Unidad formativa.

⮞ **Si la especialidad no tiene unidades formativas,** las horas totales, presencial, distancia, teleformación serán igual a las sumas de esas horas de los módulos formativos, eliminando las horas de los módulos repetidos.

https://sede.sepe.gob.es/especialidadesformativas/RXBuscadorEFRED/BusquedaEspecialidades.do

(Fuente: Servicio Público de Empleo Estatal)

Índice

Unidad de aprendizaje 1
Fundamentos de la IA y aplicaciones empresariales

1. Introducción   11
2. Aspectos generales de la IA   12
3. Ideación del negocio   19
4. ChatGPT   26
5. Otros LLMs   34
6. Investigación de mercado a través de la IA   45
7. Resumen   47
   Ejercicios de autoevaluación   51

Unidad de aprendizaje 2
Automatización y creación de contenidos con IA

1. Introducción   57
2. Agentes IA   57
3. Generación de imágenes, vídeo y sonido con IA   68
4. Resumen   77
   Ejercicios de autoevaluación   83

Unidad de aprendizaje 3
Estrategia digital: LinkedIn y plan de *marketing* con IA

1. Introducción   89
2. LinkedIn   89
3. Plan de *marketing* para la empresa   97
4. Resumen   107
   Ejercicios de autoevaluación   109

Glosario   113

Bibliografía   117

OBJETIVOS GENERALES

Los objetivos general del **ADGD0091. Inteligencia artificial para empresas: transformación digital práctica,** son:

- Adquirir las herramientas necesarias para implementar IA de forma real y efectiva en un negocio, desde la ideación hasta la ejecución de estrategias de *marketing,* aprendiendo a utilizar las plataformas más avanzadas como ChatGPT, Perplexity, NotebookLM y agentes especializados para automatizar y mejorar procesos, optimizar resultados y aplicar los conocimientos de forma práctica en el ámbito de la gestión de empresas en todas sus áreas, como por ejemplo la investigación de mercado, creación de contenido, generación de *leads* y presencia digital.
- Comprender los fundamentos de la inteligencia artificial y su aplicación en el ámbito empresarial, para identificar oportunidades de negocio, realizar investigación de mercado y comunicarse eficazmente con modelos de IA.
- Implementar soluciones prácticas de automatización mediante agentes de IA y herramientas generativas, desarrollando habilidades para crear contenido multimedia, presentaciones y páginas web que optimicen los procesos y la comunicación de una empresa.
- Diseñar estrategias digitales efectivas utilizando herramientas de IA para optimizar la presencia profesional en LinkedIn y elaborar un plan de *marketing* integral que impulse la visibilidad, el posicionamiento y el crecimiento empresarial.

Fundamentos de la IA y aplicaciones empresariales

Contenido

1. Introducción
2. Aspectos generales de la IA
3. Ideación del negocio
4. ChatGPT
5. Otros LLMs
6. Investigación de mercado a través de la IA
7. Resumen

Objetivos

El objetivo general de esta Unidad de Aprendizaje es:

→ Comprender los fundamentos de la inteligencia artificial y su aplicación en el ámbito empresarial, para identificar oportunidades de negocio, realizar investigación de mercado y comunicarse eficazmente con modelos de IA.

Los objetivos específicos de esta Unidad de Aprendizaje son:

→ Comprender qué es la inteligencia artificial y sus aplicaciones y herramientas para optimizar procesos y productos en la empresa.

→ Identificar oportunidades de negocio mediante herramientas de IA especializadas para análisis de competencia y definición de *buyer* personas.

→ Dominar ChatGPT y técnicas de *prompt engineering* para optimizar la comunicación con sistemas de IA.

→ Utilizar múltiples LLM (Copilot, Gemini, Claude, DeepSeek) según las necesidades específicas de cada tarea empresarial.

→ Realizar investigación de mercado profesional empleando NotebookLM, Perplexity y otras herramientas de IA especializadas.

1. Introducción

La inteligencia artificial ya no es cosa del futuro ni exclusiva de grandes empresas tecnológicas. Hoy forma parte del día a día de los negocios, esto es, desde cómo se analizan los datos, se entiende al cliente o se toman decisiones estratégicas, hasta cómo se crean contenidos, se automatizan tareas o se detectan nuevas oportunidades de mercado.

Por todo ello, es importante sentar unas buenas bases de conocimiento. Tu objetivo no será convertirte en una persona experta a nivel técnico, pero sí que puedas entender qué es la IA, cómo funciona a nivel práctico y, sobre todo, cómo puedes usarla con criterio dentro de tu propio contexto empresarial.

Entenderás qué es realmente la inteligencia artificial y qué no lo es a fin de evitar confusiones. También, descubrirás en qué áreas de las empresas ya se está utilizando la IA y con qué beneficios concretos, cómo apoyarte en ella para idear un negocio, analizar la competencia, definir a tu cliente ideal e incluso ayudarte a vislumbrar una propuesta de negocio. Del mismo modo, aprenderás a comunicarte eficazmente con modelos de IA como ChatGPT mediante *prompts* bien diseñados, cuándo y por qué utilizar distintos modelos de lenguaje según la tarea y cómo realizar investigación de mercado profesional con herramientas de IA que ahorran tiempo y mejoran la calidad del análisis.

Con enfoque didáctico cada concepto irá acompañado de ejemplos sencillos, pensados para que puedas aplicarlos desde el primer momento, incluso sin experiencia previa con la IA. Aprenderás la base sobre la que se construye todo lo demás. Porque si entiendes bien estos fundamentos, la IA dejará de ser una caja negra para ti, convirtiéndose en una aliada estratégica para tu negocio o bien tu próximo proyecto profesional.

Con base en todo ello, a lo largo del contenido te apoyarás en la historia de Claudia y su equipo, un caso práctico que servirá como hilo conductor para comprender cómo la inteligencia artificial puede aplicarse en el ámbito empresarial, ayudándote a trasladar los conceptos teóricos a situaciones concretas de negocio.

2. Aspectos generales de la IA

👉 HILO CONDUCTOR

Claudia lidera un pequeño equipo que quiere lanzar una tienda online de productos artesanales. Han oído que la inteligencia artificial puede ayudarles a vender más, ahorrar tiempo y tomar mejores decisiones, pero también son conscientes de que no basta con utilizar la IA sin entenderla. Antes de aplicar herramientas concretas, el equipo decide comprender qué es realmente la inteligencia artificial, cómo funciona y cuáles son sus límites. Entender que la IA trabaja con datos, algoritmos y modelos matemáticos les permite empezar a verla como una tecnología de apoyo y no como una solución automática para todos sus problemas.

Antes de que puedas conocer herramientas concretas o aplicaciones empresariales, es fundamental que entiendas, en términos generales, **qué es la inteligencia artificial, cómo funciona** y **por qué está teniendo tanto impacto** en empresas de todos los tamaños. Esta base es clave para que puedas utilizar la IA con criterio y no de forma automática o sin criterio alguno.

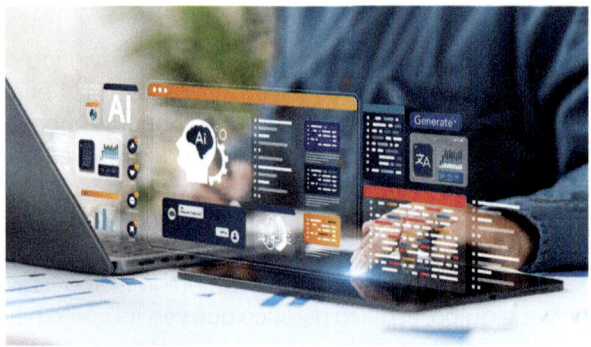

En contextos de trabajo, es muy importante la supervisión profesional y el pensamiento crítico al analizar y validar los resultados generados por la IA.

2.1. Definición de inteligencia artificial

La inteligencia artificial o IA, como comúnmente se conoce, es un conjunto de tecnologías que permiten a las máquinas realizar tareas que normalmente requieren inteligencia humana, como analizar información, aprender de los datos, reconocer patrones, tomar decisiones o generar contenido.

Ten presente que la IA no es magia ni conciencia artificial. No piensa, no siente ni entiende el mundo como lo puedes percibir tú. Funciona a partir de los siguientes tres **elementos clave:**

- **Datos.** Los datos son la materia prima de la inteligencia artificial. Sin datos, la IA no es capaz de aprender ni de funcionar. Ya sean datos como textos, números, imágenes, audios, vídeos, información web, informes o registros de comportamiento (compras, clics, búsquedas, etc.), cuantos más datos tenga una IA y mejor organizados estén, mejor será su rendimiento.
  Ejemplo: si una empresa quiere analizar la opinión de su clientela, la IA necesita acceso a reseñas, encuestas o comentarios. Sin esa información, no es posible extraer conclusiones.
- **Algoritmos.** Los algoritmos son las instrucciones que indican a la IA qué hacer con los datos. Estos algoritmos son como una receta que le dice al sistema cómo analizar la información paso a paso. Un algoritmo define qué buscar en los datos, cómo comparar la información y qué patrones son verdaderamente relevantes.
  Ejemplo: un algoritmo determinado puede indicar a la IA que busque palabras negativas dentro de reseñas de clientes y las agrupe por temas concretos. Con esta información de valor un negocio puede crear una estrategia más eficaz para resolver incidencias.
- **Modelos matemáticos.** Los modelos matemáticos son los que permiten a la IA aprender y tomar decisiones. A partir de los datos y los algoritmos, el modelo calcula probabilidades, relaciones y patrones.
  Es importante que sepas que estos modelos se ajustan con el tiempo o lo que es lo mismo: cuanto más se usan, mejores resultados proporcionan.
  Ejemplo: un modelo matemático puede calcular perfectamente la probabilidad de que un cliente esté insatisfecho según las palabras que utilice en un comentario *online*.

IMPORTANTE

Con todo lo aprendido, ya sabes que una IA es capaz, entre otras cosas, de analizar miles de opiniones de clientes en tiempo real para detectar qué aspectos de un producto generan más satisfacción o quejas. No opina ni tiene criterio propio; como ya sabes, analiza datos, aplica algoritmos y utiliza modelos matemáticos para calcular e identificar patrones y probabilidades. Esta combinación es la base de cualquier sistema de inteligencia artificial y da sentido a por qué su uso es tan potente en los entornos empresariales.

2.2. Qué es y qué no es IA

Para evitar todo tipo de confusiones, es importante que sepas diferenciar claramente **qué entra dentro de la IA y qué no:**

⮑ **Sí es IA cuando...:**

- ☯ Aprende a partir de datos.
- ☯ Mejora su rendimiento con el uso.
- ☯ Reconoce patrones complejos.
- ☯ Genera predicciones o contenido nuevo.

Ejemplo:
Un sistema que predice ventas futuras.
Un asistente que redacta textos.
Un algoritmo que recomienda productos personalizados.

⮑ **NO es IA cuando...:**

- ☯ Solo sigue reglas fijas sin aprender.
- ☯ Ejecuta instrucciones repetitivas sin análisis.
- ☯ Automatiza tareas simples sin tomar decisiones.

Ejemplo:
Una hoja de Excel con fórmulas automáticas no es IA. Un sistema que aprende de los datos de Excel para hacer previsiones, sí.

2.3. Aplicaciones de la inteligencia artificial

La IA se aplica hoy prácticamente en casi todos los sectores empresariales. Algunas de las áreas más usuales de implementación son las siguientes:

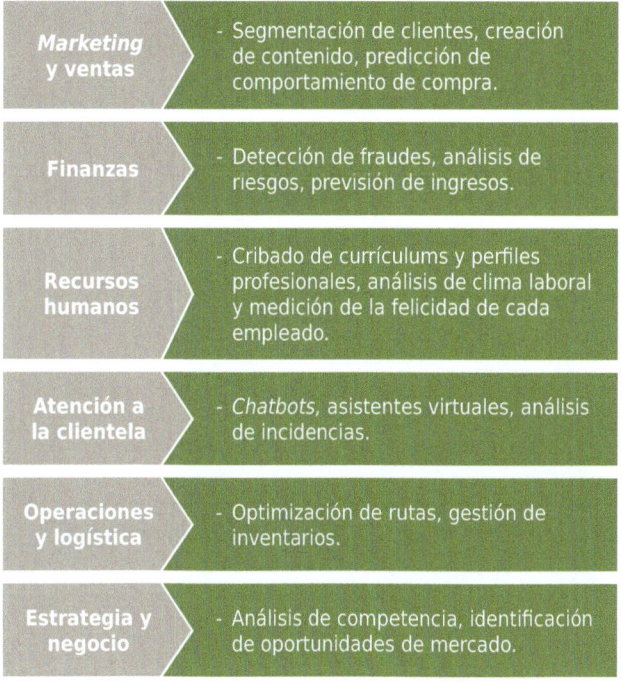

Marketing y ventas
- Segmentación de clientes, creación de contenido, predicción de comportamiento de compra.

Finanzas
- Detección de fraudes, análisis de riesgos, previsión de ingresos.

Recursos humanos
- Cribado de currículums y perfiles profesionales, análisis de clima laboral y medición de la felicidad de cada empleado.

Atención a la clientela
- *Chatbots*, asistentes virtuales, análisis de incidencias.

Operaciones y logística
- Optimización de rutas, gestión de inventarios.

Estrategia y negocio
- Análisis de competencia, identificación de oportunidades de mercado.

NOTA

La clave es que la IA no actúa de forma aislada, sino integrada totalmente dentro de los procesos empresariales.

2.4. Usos de la IA

En la práctica diaria, la IA se utiliza principalmente para analizar con rapidez grandes volúmenes de datos para extraer información en tiempo real, ahorrar tiempo en tareas repetitivas, apoyar la toma de decisiones con datos objetivos, crear contenido (textos, imágenes, ideas, presentaciones, informes, resúmenes, etc.) y simular escenarios a fin de prever resultados.

La IA ayuda a personas emprendedoras a analizar a la competencia, definir el buyer persona (cliente ideal) y generar una primera propuesta de valor en muy poco tiempo.

2.5. Ventajas y beneficios de la inteligencia artificial

El uso adecuado de la IA aporta **beneficios** muy claros a las empresas:

Aumento de la productividad
- Se hacen más tareas en menos tiempo, liberando a las personas de trabajos repetitivos para que puedan centrarse en actividades de mayor valor, como la estrategia o la creatividad.

Reducción de errores
- Principalmente en procesos repetitivos, ya que la IA mantiene un nivel de ejecución constante y minimiza fallos humanos por cansancio o distracción.

Mejor toma de decisiones
- Basada en datos y no solo en probabilidades intuitivas o datos no basados en tiempo real, permitiendo decisiones más objetivas, rápidas y en línea con la realidad del negocio.

Continúa en página siguiente >>

<< Viene de página anterior

Escalabilidad
- Crecer sin aumentar proporcionalmente los costes, ya que los mismos sistemas de IA son capaces de gestionar un mayor volumen de trabajo sin necesidad de más recursos humanos.

Acceso a capacidades avanzadas
- Sin grandes inversiones técnicas, democratizando herramientas que antes solo estaban al alcance de grandes empresas o equipos altamente especializados.

NOTA

No olvides que la inteligencia artificial no reemplaza al profesional; por el contrario, potencia su criterio, multiplica su capacidad de acción y le permite llegar mucho más lejos y progresar en mucho menos tiempo.

2.6. Los peligros de la IA

Aunque la IA te ofrece muchísimas ventajas a nivel profesional y/o empresarial, también presenta importantes riesgos si la utilizas sin criterio. Algunos de estos **riesgos** son:

- ➲ **Dependencia.** Te puede generar dependencia excesiva a la tecnología, fatiga, falta de iniciativa y merma de tus capacidades cognitivas.
- ➲ **Información sesgada.** Puede ser fuente de errores por datos incorrectos o sesgados.
- ➲ **Ausencia de pensamiento crítico y divergente.** Falta de pensamiento crítico al aceptar respuestas sin validar y ausencia de capacidad para analizar información desde diferentes enfoques.
- ➲ **Problemas éticos.** Relacionados principalmente con la privacidad y uso de datos.
- ➲ **Desinformación.** Te puede aportar desinformación si se ha utilizado para generar contenido falso o no contrastado.

 **CONSEJO**

Contempla la IA como una herramienta de apoyo, no como una fuente absoluta de verdad. El juicio humano sigue siendo totalmente imprescindible.

Todos estos aspectos que has ido conociendo te permitirán entender la IA desde una perspectiva más realista y mucho más profesional. A partir de aquí, profundizarás en cómo poder utilizarla estratégicamente en la empresa, empezando por la ideación de negocios y el uso de modelos de lenguaje, como es el democratizado ChatGPT.

 ACTIVIDAD COMPLEMENTARIA

1. Analiza de forma crítica los peligros asociados al uso de la inteligencia artificial cuando no se aplica con criterio, ética y supervisión humana.

   Debes identificar situaciones reales o potenciales (en empresas, estudios, redes sociales o proyectos personales) en las que alguno de los peligros de la IA vistos en el apartado anterior pueda manifestarse, como la dependencia excesiva, información sesgada, ausencia de pensamiento crítico, problemas éticos o desinformación.

   A partir de ese análisis, propón al menos una medida preventiva o buena práctica que ayude a reducir ese riesgo, explicando brevemente por qué sería efectiva. El objetivo de esta actividad será desarrollar una visión responsable y profesional del uso de la IA, fomentando el pensamiento crítico y la toma de decisiones debidamente informadas antes de implementar estas tecnologías en contextos empresariales.

3. Ideación del negocio

☞ **HILO CONDUCTOR**

Con una base clara sobre la IA, Claudia y su equipo comienzan a dar forma a su tienda *online*. Utilizan la IA generativa para definir la identidad de la marca, analizar a otras tiendas similares, identificar a su cliente ideal y evaluar si su propuesta de productos realmente aporta valor. En lugar de basarse únicamente en intuiciones, emplean la IA para contrastar ideas, detectar oportunidades y reducir el riesgo de lanzar un negocio sin una estrategia clara.

Una vez que ya comprendes qué es la inteligencia artificial, cómo funciona y cuáles son sus ventajas y también sus riesgos, es el momento de **aplicarla de forma estratégica en la ideación de un negocio.**

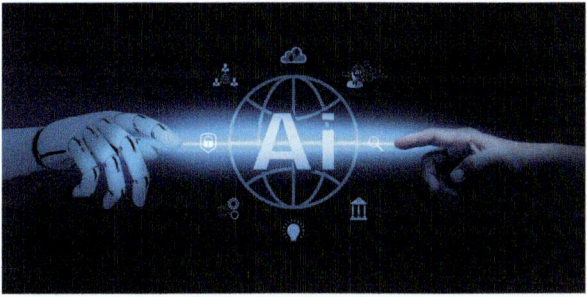

La IA se convierte en una aliada estratégica en la ideación de proyectos empresariales, ayudando a analizar el mercado, definir la propuesta de valor y reducir la incertidumbre en las primeras fases de un negocio.

3.1. Identidad corporativa (misión, visión, valores)

La identidad corporativa define **quién eres como negocio, hacia dónde vas y cómo actúas.** La IA te ayudará a estructurar y clarificar estos elementos, pero siempre debe partir de tu criterio y propósito. Estos **elementos** son:

Misión

Define qué hace tu empresa y para quién lo hace.
Por ejemplo, ayudar a personas emprendedoras y
pequeñas empresas a tomar mejores decisiones utilizando
herramientas basadas en inteligencias artificiales
accesibles, prácticas y bien orientadas a resultados reales.

Visión

Marca hacia dónde quieres llegar a medio y largo plazo.
Por ejemplo, convertirnos en una referencia en el uso
responsable y estratégico de la inteligencia artificial aplicada
al emprendimiento, impulsando negocios más eficientes,
innovadores y sostenibles.

Valores

Establecen los principios que guían tus decisiones. Por
ejemplo:
- **Innovación práctica:** aplicar la tecnología con sentido
  y utilidad real.
- **Transparencia:** comunicar de forma clara y honesta.
- **Pensamiento crítico:** utilizar la IA como apoyo, no como
  sustituto del criterio humano.
- **Aprendizaje continuo:** adaptación constante a los
  cambios tecnológicos y del mercado.
- **Impacto positivo:** generar valor tanto económico
  como social.

 SABÍAS QUE...

Una persona emprendedora puede ayudarse de la inteligencia artificial generativa para, a través de una instrucción o *prompt,* solicitar varias propuestas de
misión, visión y valores a partir de una breve descripción de su idea de negocio,
su sector y el tipo de impacto que desea generar. A partir de esas propuestas
iniciales, podrá compararlas, detectar puntos en común, ajustar el lenguaje y
seleccionar la versión que mejor represente la identidad real de su proyecto,
asegurando coherencia entre lo que quiere comunicar y lo que quiere construir
como empresa.

3.2. Análisis de la competencia con herramientas especializadas

Analizar a la competencia es clave para no crear o tratar de mantener un negocio a ciegas. Con la asistencia de la IA podrás **identificar a tus competidores, analizar sus estrategias y detectar oportunidades no cubiertas** sin necesidad de malgastar el tiempo. Por ejemplo, es posible identificar qué valoran más los clientes y qué aspectos suelen generar insatisfacción.

Explora a continuación qué información relevante puedes obtener si tienes a tu servicio a la IA:

Identificar competidores directos e indirectos
- Herramientas de IA como Perplexity permiten investigar competidores, mercados y tendencias ofreciendo interesantes respuestas basadas en fuentes contrastadas y actualizadas. Es especialmente útil para obtener una visión rápida del sector y detectar oportunidades emergentes.

Analizar precios, mensajes y propuestas de valor
- Analiza el tráfico web de competidores, sus principales fuentes de captación, países de origen de los usuarios y comportamiento digital, ayudando a comprender cómo atraen y retienen a su audiencia. Un buen ejemplo de herramienta es Similarweb.

Detectar puntos fuertes y debilidades del mercado
- Por ejemplo, SEMrush utiliza inteligencia artificial para analizar estrategias de *marketing* digital, palabras clave, posicionamiento SEO, anuncios y contenidos de la competencia, facilitando la detección de ventajas competitivas y debilidades del mercado.

NOTA

Otra herramienta de IA que está totalmente democratizada es el por todos conocido ChatGPT. Se trata de un asistente de inteligencia artificial conversacional desarrollado por OpenAI que permite interactuar mediante texto para resolver dudas, generar contenidos, analizar información y apoyar la toma de decisiones en contextos profesionales y empresariales, utilizando lenguaje natural de forma muy clara y totalmente accesible. Aprenderás a trabajar con este recurso más adelante.

3.3. Definición del público objetivo y *buyer* personas

Otro aspecto importante es aprender a conocer a tu público objetivo. Esto es esencial para crear un negocio viable. La IA facilita la creación de **buyer personas** basadas en datos reales y no solo en suposiciones.

Un *buyer* persona es una representación semificticia de tu cliente ideal, que incluye:

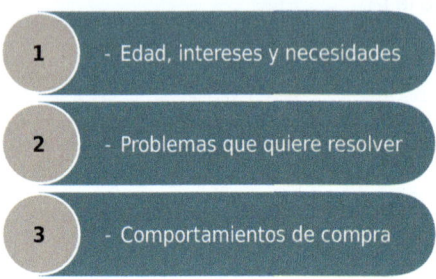

1	- Edad, intereses y necesidades
2	- Problemas que quiere resolver
3	- Comportamientos de compra

A continuación, vas a ver un vídeo con el que aprenderás a combinar análisis de mercado e identificación de cliente ideal utilizando la IA.

 **VÍDEO**

Visualiza el siguiente vídeo con el que aprenderás a combinar análisis de mercado e identificación de cliente ideal utilizando la IA.

Accede al vídeo desde aquí:

https://redirectoronline.com/adgd00910101

3.4. Análisis DAFO para evaluar fortalezas y debilidades

El aprender a realizar un buen **análisis DAFO** es fundamental porque te permitirá comprender la situación real de tu negocio antes de tomar decisiones importantes. Analizar de forma honesta las fortalezas, debilidades, oportunidades y amenazas ayuda a reducir la incertidumbre, anticipar riesgos y aprovechar mucho mejor los recursos disponibles.

Un DAFO bien trabajado te permite:

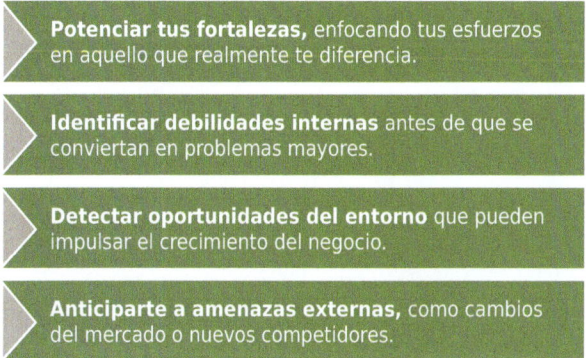

Potenciar tus fortalezas, enfocando tus esfuerzos en aquello que realmente te diferencia.

Identificar debilidades internas antes de que se conviertan en problemas mayores.

Detectar oportunidades del entorno que pueden impulsar el crecimiento del negocio.

Anticiparte a amenazas externas, como cambios del mercado o nuevos competidores.

La inteligencia artificial es sin duda una gran aliada en este proceso, ya que ayuda a **estructurar el análisis, comparar escenarios y detectar factores que podrían pasar desapercibidos,** especialmente cuando se trabaja con mucha información o mercados complejos.

Si no se realiza un DAFO o se hace de forma superficial, pueden derivar en consecuencias negativas como tomar decisiones basadas únicamente en suposiciones, ignorar debilidades clave que limiten el crecimiento del negocio, no detectar oportunidades reales del mercado a tiempo y/o subestimar amenazas que pongan en riesgo la viabilidad del proyecto.

Por todo ello, **un DAFO bien planteado es una herramienta estratégica** y combinarlo con el apoyo de la IA te permitirá tomar decisiones más realistas, informadas y alineadas con el contexto empresarial. Dicho esto, el análisis DAFO te permitirá evaluar la situación de tu negocio desde cuatro perspectivas distintas: fortalezas, debilidades, oportunidades y amenazas.

A continuación, vislumbrarás cómo la IA es útil para estructurar este análisis y detectar factores que quizás no habías considerado antes:

Debilidades

- Son los **aspectos negativos de origen interno.** Hacen referencia a carencias o limitaciones del negocio, como falta de experiencia, recursos limitados, procesos poco eficientes o dependencia excesiva de terceros. Detectarlas a tiempo es clave para corregirlas antes de que afecten al crecimiento del proyecto.

Amenazas

- Son los **factores negativos de origen externo** que pueden poner en riesgo la viabilidad del negocio, como la aparición de nuevos competidores, cambios normativos, crisis económicas o variaciones en la demanda. Identificarlas ayuda a prepararte y reducir su impacto.

Oportunidades

- Son los **factores positivos de origen externo** que pueden favorecer el desarrollo del negocio. Incluyen nuevas tendencias de mercado, cambios en el comportamiento del consumidor, avances tecnológicos o nichos poco explotados. Reconocerlas te permite anticiparte y aprovechar el contexto a tu favor.

Fortalezas

- Son los **aspectos positivos de origen interno** de tu negocio. Representan aquello que haces bien y que te diferencia de la competencia, como el conocimiento del equipo, una propuesta clara de valor, una buena reputación o el uso eficiente de la tecnología. Identificarlas te permite potenciarlas y usarlas como ventaja competitiva.

 **IMPORTANTE**

En conjunto, el análisis DAFO te ofrece una visión global y totalmente realista de tu empresa o negocio. Apoyarte en la IA para estructurar dicho análisis te permitirá detectar con mayor precisión factores clave que influyen en la toma de decisiones estratégicas.

3.5. Propuesta de valor diferencial

La **propuesta de valor** explica **por qué un cliente debería elegirte a ti y no a la competencia.** La IA te ayudará a generar ideas, comparar enfoques y afinar mensajes o comunicaciones, pero la decisión final siempre debe provenir de la persona.

 CONSEJO

Una buena propuesta de valor debe resolver un problema concreto, ha de ser clara y fácil de entender y, por supuesto, debe ser diferente del resto del mercado.

A continuación, se muestra un ejemplo comparativo para que puedas identificar claramente las diferencias entre crear una propuesta de valor sin IA y otra distinta con el apoyo de la IA.

Propuesta de valor sin IA	Propuesta de valor con apoyo de la IA

- *Ofrecemos servicios de asesoramiento para personas emprendedoras que quieren lanzar su negocio y mejorar sus resultados.*
- **Análisis:**
  - Genérica y poco diferenciadora.
  - No define con claridad el problema que resuelve.
  - No explica qué la hace distinta frente a la competencia.
  - Se basa más en intuición que en datos.
	- *Ayudamos a personas emprendedoras a validar y lanzar su negocio en menos tiempo, utilizando inteligencia artificial para analizar el mercado, definir su cliente ideal y tomar decisiones basadas en datos reales, reduciendo la incertidumbre desde el primer día.*
	- **Análisis:**
	  - Define un problema concreto (incertidumbre al emprender).
	  - Explica el beneficio principal (ahorrar tiempo y tomar mejores decisiones).
	  - Introduce un elemento diferencial (uso estratégico de la IA).
	  - Comunica de forma clara y orientada al cliente.

NOTA

La IA no sustituye la creatividad ni la visión del emprendedor, pero ayuda a afinar el mensaje, hacerlo más claro, más específico y te asegura que esté en línea con las necesidades reales del mercado, siempre bajo la supervisión y el criterio humano.

---

4. ChatGPT

👉 HILO CONDUCTOR

Durante este proceso, el equipo incorpora ChatGPT como asistente de trabajo. Al principio lo utilizan de forma muy general, pero los resultados no terminan de convencerles. Poco a poco, Claudia se da cuenta de que la clave está en aprender a formular buenas instrucciones. Al mejorar sus *prompts,* consiguen crear mejores descripciones de los productos, textos de venta más persuasivos, además de mensajes muy coherentes con la identidad de la marca. Lógicamente, siempre revisados y adaptados por el equipo.

ChatGPT es uno de los modelos de lenguaje más utilizados en el entorno profesional y empresarial debido a su facilidad de uso y versatilidad.

 ## PARA SABER MÁS

Accede a ChatGPT desde aquí:

Continúa en página siguiente >>

<< Viene de página anterior

https://redirectoronline.com/adgd00910102

4.1. Introducción a ChatGPT: interfaz

ChatGPT funciona mediante una **interfaz conversacional** en la que interactúas con mensajes escritos o hablados llamados *prompts* (instrucciones) y recibiendo respuestas en tiempo real.

Desde esta **interfaz** puedes llegar a hacer muchas cosas, como, por ejemplo, hacer preguntas para obtener respuestas, solicitar análisis de informes o datos, generar textos, imágenes o incluso ideas, al mismo tiempo que puedes refinar respuestas mediante una simple conversación.

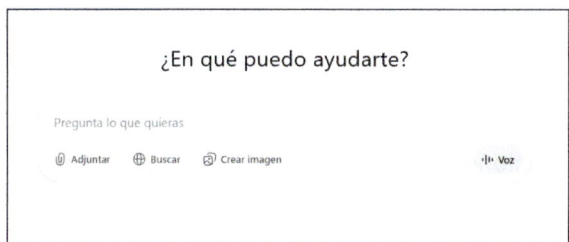

ChatGPT facilita un entorno de interacción conversacional con la inteligencia artificial sencillo e intuitivo.

4.2. Utilización de ChatGPT

La interfaz de ChatGPT está diseñada para facilitar a las personas usuarias una comunicación natural con la inteligencia artificial, permitiendo realizar preguntas, adjuntar información y acceder a distintas funciones desde un mismo espacio, lo cual hace posible su implementación inmediata en contextos muy diversos, ya sean profesionales, formativos y/o empresariales.

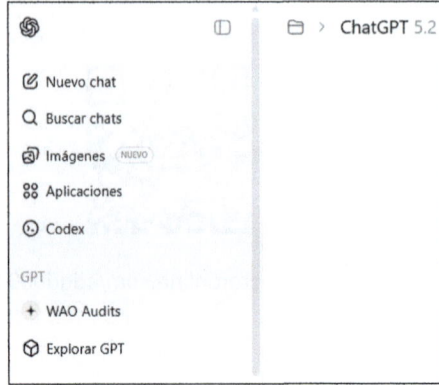

La interfaz de ChatGPT permite organizar y acceder de forma rápida a las principales funciones de la herramienta desde un único espacio de trabajo.

A continuación, se explica cada elemento mostrado en la imagen del panel izquierdo para que puedas utilizar esta IA generativa y sacarle el máximo provecho:

- **Nuevo chat.** Permite iniciar una conversación desde cero. Es útil cuando quieres cambiar de tema o trabajar una tarea nueva sin mezclar contextos anteriores.
- **Buscar chats.** Facilita localizar conversaciones anteriores mediante palabras clave, lo que resulta especialmente práctico cuando se trabaja con varios proyectos o consultas distintas.
- **Imágenes (nuevo).** Acceso a la función de generación y análisis de imágenes mediante inteligencia artificial. Desde aquí se pueden crear imágenes a partir de texto o trabajar con imágenes existentes.
- **Aplicaciones.** Reúne herramientas y funciones adicionales integradas en ChatGPT que amplían sus capacidades según el tipo de tarea que se quiera realizar.
- **Codex.** Espacio orientado a tareas de programación y desarrollo, donde la IA ayuda a escribir, analizar o corregir código.
- **GPT (sección personalizada).** En este apartado aparecen los GPT personalizados, como por ejemplo WAO Audits, que son asistentes configurados para tareas específicas (auditorías, *marketing*, soporte, etc.).
- **Explorar GPT.** Permite descubrir y acceder a otros GPT creados para usos concretos, facilitando elegir el asistente más adecuado según la necesidad.
- **Chat GPT 5.** Se trata de la versión del modelo de lenguaje que estás utilizando, diseñada para ofrecer respuestas más precisas, coherentes y adaptadas al contexto de cada consulta. Permite realizar tareas complejas como análisis, generación de contenido o apoyo estratégico de forma más rápida y eficaz en entornos profesionales y empresariales.

SABÍAS QUE...

ChatGPT puede utilizarse para múltiples y diversas tareas empresariales, como es la redacción de contenidos de redes sociales, generación de ideas de negocio o estrategias de *marketing,* análisis de información o incluso la creación de documentos, informes o presentaciones.

¿Sabías que es posible utilizar el ChatGPT para estructurar de forma eficaz un buen plan de negocio inicial en muy poco tiempo?

4.3. El *prompting* o cómo hablar a ChatGPT

El **prompting** consiste en saber formular correctamente las instrucciones que das a la IA. Cuanto más claro, específico y contextualizado sea el *prompt,* mejores serán sus resultados.

 EJEMPLO

No es lo mismo pedir "Hazme un plan de *marketing*" que especificar el sector, el público objetivo y el presupuesto disponible. Por ejemplo: "Actúa como un consultor de *marketing* digital especializado en emprendimiento. Necesito que elabores un plan de *marketing* para un negocio de formación online dirigido a personas emprendedoras de entre 25 y 40 años, ubicado en España, con un presupuesto mensual de 500 euros. El objetivo es aumentar la visibilidad de la marca y captar clientes potenciales durante los próximos tres meses. Presenta el plan de forma clara, estructurada y con acciones concretas".

Para obtener respuestas útiles y de gran calidad por parte de la IA, es fundamental saber **cómo formular correctamente un *prompt.***

Seguidamente conocerás cuáles son estas **claves:**

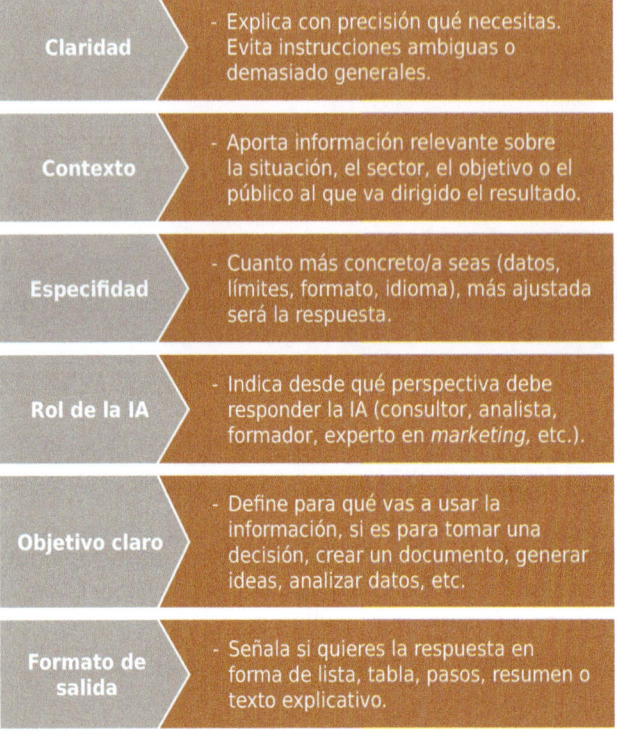

 **NOTA**

Aplicar las claves de un *prompt* te permitirá optimizar la comunicación con la IA y obtener resultados más útiles, profesionales y alineados con tus necesidades reales.

4.4. Funciones avanzadas de ChatGPT

A continuación se enumeran y explican algunas de las **funciones más avanzadas de ChatGPT,** que van más allá de los usos básicos. Estas funciones amplían significativamente su aplicación en el entorno profesional y empresarial:

- **Análisis avanzado de información.** Permite comparar datos, detectar patrones, extraer conclusiones y generar *insights* a partir de grandes volúmenes de texto o información compleja, apoyando la toma de decisiones estratégicas.
- **Razonamiento paso a paso.** ChatGPT puede descomponer problemas complejos en fases, explicar el proceso seguido y justificar sus respuestas, lo que resulta especialmente útil en planificación, estrategia y resolución de problemas.
- **Análisis y creación de documentos profesionales.** Además de resumir o reescribir, puede estructurar informes, propuestas, planes de negocio, presentaciones o manuales con un enfoque profesional y coherente.
- **Trabajo con datos y cálculos.** Permite interpretar datos, realizar cálculos, analizar tablas y extraer conclusiones numéricas, lo que facilita tareas financieras, de *marketing* o de análisis de mercado.
- **Interacción multimodal.** Puede analizar imágenes, interpretar gráficos y combinar texto e imagen para ofrecer respuestas más completas y contextualizadas.
- **Personalización mediante instrucciones.** Se puede adaptar su comportamiento, tono y enfoque a necesidades concretas, como seguir el estilo de una marca, actuar como un perfil profesional específico o centrarse en un sector determinado.
- **Creación de asistentes especializados (GPT personalizados).** Permite diseñar asistentes orientados a tareas concretas, como atención al cliente, auditorías, generación de contenidos o soporte interno, optimizando procesos repetitivos.
- **Apoyo a la automatización de tareas.** Integrado en flujos de trabajo, ChatGPT puede ayudar a estandarizar respuestas, generar borradores automáticos y reducir el tiempo dedicado a tareas operativas.

 ## SABÍAS QUE...

ChatGPT es capaz de crear y explicar código para desarrollar una página web o incluso una aplicación, ayudándote a generar estructuras básicas, interfaces, funcionalidades y a comprender cómo funciona cada parte del código, incluso aunque no tengas conocimientos avanzados de programación.

Presta atención a la respuesta facilitada por ChatGPT cuando se le ha pedido que genere un código HTML y CSS para crear una página web básica de presentación.

Continúa en página siguiente >>

<< Viene de página anterior

```
html                                                  ⟲ Copiar código

<!DOCTYPE html>
<html lang="es">
<head>
  <meta charset="UTF-8">
  <title>Mi primer proyecto con IA</title>
  <style>
    body {
      font-family: Arial, sans-serif;
      background-color: #f4f4f4;
      text-align: center;
      padding: 40px;
    }
    .card {
      background: white;
      padding: 20px;
      border-radius: 8px;
      max-width: 400px;
      margin: auto;
      box-shadow: 0 0 10px rgba(0,0,0,0.1);
    }
    h1 {                                        ↓
```

ChatGPT puede generar fragmento de código HTML y CSS para la creación de una estructura básica y los estilos iniciales de una página web de presentación, incluyendo elementos como el encabezado, el cuerpo del documento y reglas de diseño visual.

4.5. Prompt engineering

Un concepto del que quizás hayas podido hablar es **prompt engineering.** Hace referencia al conjunto de técnicas utilizadas para diseñar instrucciones de forma estratégica al interactuar con la IA, con el objetivo de obtener respuestas más precisas, útiles y debidamente alineadas con la tarea que se desea realizar.

El *prompt engineering* implica, entre otros aspectos, **contextualizar correctamente la tarea,** indicando el problema o situación concreta; **definir el rol que debe adoptar la IA,** como profesional de la consultoría, analista o formador; y **establecer claramente el formato de la respuesta,** ya sea en forma de lista, pasos, tabla o texto estructurado.

Aplicar estas técnicas permite aprovechar al máximo el potencial de la IA.

 PARA SABER MÁS

El ingeniero de *prompts* es el profesional encargado de diseñar, optimizar y estructurar las instrucciones que se dan a los modelos de inteligencia artificial

Continúa en página siguiente >>

<< Viene de página anterior

para obtener respuestas más precisas, útiles y asegurándose de que estén en línea con objetivos concretos. Su función es clave para mejorar la calidad de los resultados generados por la IA, especialmente en contextos empresariales, donde el uso poco crítico de estas herramientas puede derivar en errores o decisiones poco ajustadas a la realidad.

Si quieres profundizar en este perfil profesional y comprender por qué el *prompt engineering* se ha convertido en una competencia tan demandada, puedes consultar el siguiente artículo titulado *Ingeniero de prompts: en qué consiste y por qué es tan demandado* (IAÓN, 2025), donde se explica muy bien el rol, las funciones y la relevancia actual de esta figura en el uso avanzado de la inteligencia artificial.

Accede al artículo desde aquí:

https://redirectoronline.com/adgd00910103

4.6. Uso y creación de GPTs personalizados

Los **GPT personalizados** permiten crear **asistentes adaptados a tareas concretas,** como *marketing,* ventas o incluso labores de análisis de datos. Su principal ventaja es que **siguen unas instrucciones fijas,** un tono determinado con unos objetivos concretos, lo cual los hace especialmente útiles en ecosistemas profesionales o empresariales.

Un GPT personalizado es una versión de ChatGPT **configurada para un propósito específico,** que responde siempre teniendo en cuenta varios factores:

1. El rol que debe asumir.
2. El tipo de tareas que debe realizar.
3. El estilo de comunicación.
4. Las normas o límites que debe respetar.

De esta forma, no partes de cero en cada conversación, sino que trabajas con un asistente ya entrenado para tu necesidad concreta.

El **proceso de creación** es sencillo, no requiere de conocimientos técnicos. De forma general, sigue estos pasos que a continuación se detallan:

- **Acceder a la opción de creación de GPT.** Desde el menú de ChatGPT, se accede a la opción "Explorar GPT" y se selecciona "Crear un GPT".
- **Definir el objetivo del GPT.** Se indica claramente para qué se va a utilizar el asistente. Por ejemplo: "Este GPT ayudará a crear propuestas de valor y textos de *marketing* para personas emprendedoras".
- **Asignar un rol específico.** Se define cómo debe comportarse la IA. Por ejemplo: "Actúa como un consultor de *marketing* con experiencia en emprendimiento y estrategia digital".
- **Establecer instrucciones claras.** Aquí se detallan las normas de funcionamiento:

    - Qué tipo de respuestas debe dar.
    - Qué tono debe usar (formal, cercano, divulgativo).
    - Qué debe evitar (respuestas genéricas, lenguaje técnico excesivo, etc.).

- **Personalizar el estilo y formato.** Se puede indicar si las respuestas deben ser:

    - Breves o desarrolladas.
    - En forma de listas, pasos o tablas.
    - Adaptadas a un público concreto.

- **Probar y ajustar.** Una vez creado, se prueba el GPT con distintas preguntas y se ajustan las instrucciones hasta que el resultado sea el esperado.

5. Otros LLMs

HILO CONDUCTOR

A medida que el proyecto crece, Claudia y su equipo descubren que no todas las tareas requieren la misma herramienta de IA. Empiezan a utilizar distintos modelos de lenguaje según la necesidad. Algunos para analizar datos de ventas, otros para detectar tendencias en redes sociales y finalmente otros para

Continúa en página siguiente >>

<< Viene de página anterior

trabajar con textos largos o documentación interna. Esta forma de trabajar les permite a todos optimizar su tiempo, aprovechando mejor las fortalezas de cada modelo de IA.

No solo está ChatGPT; existen **otros modelos de lenguaje** o LLM (siglas en inglés) que pueden utilizarse según la tarea específica que se pretende realizar.

A continuación, vas a conocer diferentes LLM que pueden complementar el uso de ChatGPT a fin de ayudarte a elegir la herramienta más adecuada según el tipo de tarea que necesites realizar. Descubrirás sus principales características, usos más habituales y, sobre todo, en qué contextos puede resultarte más útil a nivel profesional o empresarial.

5.1. Microsoft Copilot

Microsoft Copilot es ideal para aumentar la productividad en entornos empresariales, ya que está integrado en Word, Excel, PowerPoint y Outlook.

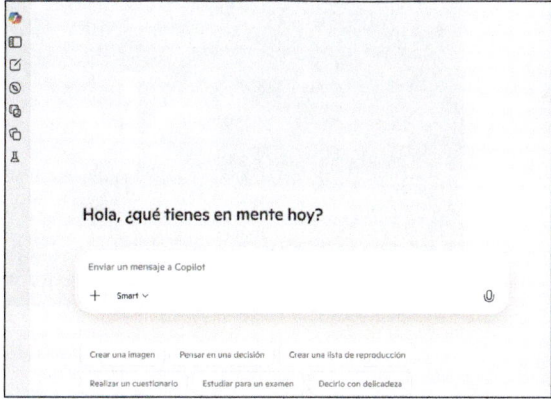

Es especialmente útil para análisis de datos, redacción de documentos y presentaciones.

PARA SABER MÁS

Accede a la web principal de Microsoft Copilot desde aquí:

https://redirectoronline.com/adgd00910104

5.2. Grok AI - La IA de *X (Twitter)*

Grok AI está especializada en análisis de tendencias, conversación en tiempo real y contenidos relacionados con redes sociales y actualidad.

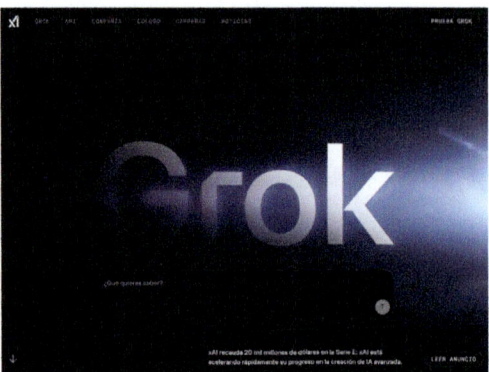

Ideal para analizar conversaciones y tendencias en tiempo real en la red social X, facilitando a empresas y profesionales la detección de temas relevantes, intereses del público y oportunidades de comunicación basadas en la actualidad.

 **PARA SABER MÁS**

Accede a la web principal de Grok AI desde aquí:

https://redirectoronline.com/adgd00910105

5.3. Gemini

Gemini es el modelo de Google orientado a tareas multimodales, esto es, texto, imagen, datos, etc., y productividad general, muy útil para ideación, análisis y generación de contenidos.

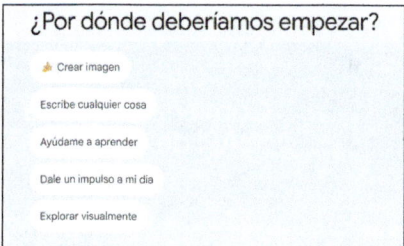

Facilita una experiencia de uso intuitiva y guiada, ofreciendo distintas opciones de inicio que permiten al usuario crear contenidos, aprender, explorar ideas o interactuar con la inteligencia artificial según sus necesidades desde el primer momento.

⊕ PARA SABER MÁS

Accede a la web principal de Gemini desde aquí:

https://redirectoronline.com/adgd00910106

5.4. Google AI Studio

Google AI Studio es un entorno más avanzado para experimentar con modelos de IA, crear prototipos y desarrollar soluciones personalizadas sin necesidad de grandes conocimientos técnicos.

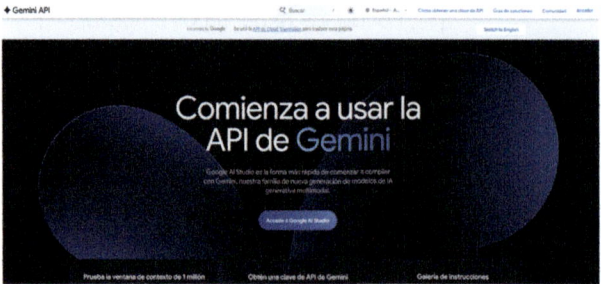

Permite acceder y trabajar con la API de Gemini, facilitando a profesionales y empresas la creación de soluciones basadas en inteligencia artificial generativa, personalizada y escalable según las necesidades técnicas y de negocio.

PARA SABER MÁS

Accede a la web principal de Google AI Studio desde aquí:

https://redirectoronline.com/adgd00910107

5.5. Claude

Claude destaca por su capacidad para trabajar mediante el razonamiento profundo y análisis detallado de documentos complejos.

Es especialmente útil para trabajar con textos largos, documentación extensa y tareas que requieren reflexión y precisión.

PARA SABER MÁS

Accede a la web principal de Claude desde aquí:

https://redirectoronline.com/adgd00910108

5.6. Mistral

Mistral es un modelo europeo de alto rendimiento, muy valorado por su enfoque abierto y su uso en proyectos que requieren mayor control sobre los datos.

Un modelo de inteligencia artificial especialmente indicado para empresas y proyectos que buscan soluciones avanzadas y escalables, manteniendo al mismo tiempo un mayor control sobre sus datos.

 **PARA SABER MÁS**

Accede a la web principal de Mistral desde aquí:

https://redirectoronline.com/adgd00910109

5.7. DeepSeek

DeepSeek está especializado en razonamiento estructurado, análisis técnico y resolución de problemas complejos.

Desarrollada por un equipo de investigación y tecnología con sede en China y orientada principalmente al razonamiento avanzado, el análisis técnico y el desarrollo de modelos de lenguaje de alto rendimiento.

 **PARA SABER MÁS**

Accede a la web principal de Deepseek desde aquí:

https://redirectoronline.com/adgd00910110

5.8. Straico

Straico es una plataforma que integra varios modelos de IA en un solo entorno, permitiendo comparar respuestas y elegir la más adecuada según la tarea.

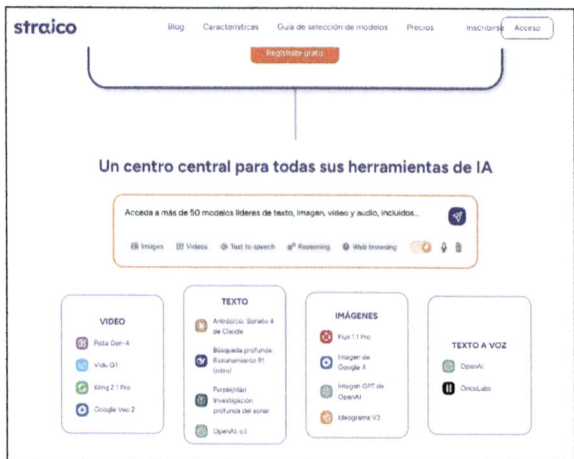

Funciona como un centro unificado que integra múltiples modelos de inteligencia artificial en una sola plataforma, permitiendo comparar resultados y elegir la herramienta más adecuada según el tipo de tarea, como texto, imagen, vídeo o razonamiento.

 **PARA SABER MÁS**

Accede a la web principal de Straico desde aquí:

https://redirectoronline.com/adgd00910111

👁 **EJEMPLO**

Imagina que tienes un negocio *online* en el que vendes ropa artesanal hecha a mano. Así podrías utilizar cada herramienta:

- **ChatGPT:** crear descripciones de productos, definir la propuesta de valor y redactar textos de la web.
- **Microsoft Copilot:** analizar ventas en Excel, preparar informes mensuales y presentaciones de resultados.
- **Grok AI:** detectar tendencias en redes sociales y analizar qué estilos o mensajes funcionan mejor.
- **Gemini:** generar ideas de campañas visuales y analizar imágenes de productos.
- **Google AI Studio:** prototipar un asistente que ayude a responder preguntas frecuentes de clientes.
- **Claude:** analizar reseñas largas de clientes y extraer patrones de satisfacción o quejas.
- **Mistral:** trabajar con datos del negocio manteniendo mayor control y privacidad.
- **DeepSeek:** estructurar análisis de precios, costes y márgenes de beneficio.
- **Straico:** comparar respuestas de distintos modelos para decidir el mejor mensaje de *marketing* o descripción de producto.

APLICACIÓN PRÁCTICA

Un equipo de trabajo afirma que no es necesario conocer otros modelos de lenguaje además de ChatGPT, ya que considera que todos los LLM hacen lo mismo y ofrecen resultados similares. Según este planteamiento, basta con utilizar una sola herramienta para cualquier tipo de tarea. ¿Cómo puede el equipo replantear esta idea para comprender mejor el valor de utilizar distintos LLM según la necesidad concreta? Elige una de las siguientes opciones:

- Mantener el uso exclusivo de ChatGPT, ya que aprender otras herramientas supone una pérdida de tiempo innecesaria.
- Utilizar distintos LLM de forma aleatoria, sin tener en cuenta el tipo de tarea ni el contexto profesional.
- Reconocer que todos los LLM son iguales, pero usar otros solo por curiosidad o moda tecnológica.
- Comprender que cada LLM está optimizado para tareas distintas (productividad, análisis de datos, razonamiento, creatividad o control de información) y seleccionar la herramienta más adecuada según el objetivo profesional o empresarial.

Solución

La última opción es la más adecuada, ya que permite entender que no existe un único modelo de lenguaje válido para todas las tareas. Herramientas como Copilot, Gemini, Claude, Mistral o DeepSeek presentan fortalezas específicas que las hacen más adecuadas para determinados contextos profesionales. Es preciso elegir el LLM adecuado en función del objetivo de mejora de la eficiencia, la calidad de los resultados y el uso estratégico de la inteligencia artificial en el entorno empresarial, favoreciendo una toma de decisiones más informada y consciente.

6. Investigación de mercado a través de la IA

☞ HILO CONDUCTOR

Antes de lanzar oficialmente su tienda *online*, el equipo de Claudia decide realizar una investigación de mercado mucho más profunda. Utilizan herramientas de IA para analizar informes, estudiar el comportamiento de los consumidores y al mismo tiempo validar si existe una demanda real dispuesta a comprar sus productos. Gracias a este enfoque, consiguen ajustar precios, mensajes y un catálogo de productos antes de invertir más recursos. Avanzan con mayor seguridad, puesto que ahora basan sus decisiones en información contrastada gracias al apoyo de la inteligencia artificial.

La IA ha transformado por completo la forma de hacer investigación de mercado, permitiendo análisis más rápidos, precisos y accesibles para todo tipo de empresas, negocios y profesionales.

A continuación, se muestran algunas herramientas de inteligencia artificial que te permitirán buscar información fiable, analizar grandes volúmenes de datos y extraer conclusiones relevantes, optimizando el tiempo dedicado a la investigación y mejorando la calidad de la toma de decisiones empresariales.

6.1. NotebookLM - Herramienta *online* de investigación

NotebooLM permite analizar documentos propios y extraer conclusiones basadas en fuentes concretas.

 SABÍAS QUE...

Para los negocios, NotebookLM es especialmente útil para analizar informes internos, estudios de mercado, documentación estratégica o resultados de encuestas, ayudando a tomar decisiones basadas únicamente en la información aportada por la empresa, sin mezclarla con datos externos no controlados.

6.2. Perplexity - Respuestas precisas, fiables y en tiempo real a cualquier pregunta

Perplexity ofrece respuestas basadas en fuentes contrastadas y actualizadas.

 SABÍAS QUE...

En el ámbito empresarial, Perplexity permite investigar mercados, competidores y tendencias actuales, obteniendo información verificada rápidamente, lo que resulta clave para validar ideas de negocio, analizar sectores o preparar presentaciones estratégicas.

6.3. Afforay - Potente asistente de investigación y *chatbot*

Afforay es una herramienta gratuita que facilita la búsqueda, organización y análisis de información compleja.

 SABÍAS QUE...

Afforai es una herramienta de investigación basada en inteligencia artificial que permite analizar documentos, artículos, informes y fuentes múltiples desde un único entorno, facilitando la búsqueda, organización y comprensión de información compleja.

En el contexto empresarial, Afforai resulta especialmente útil para analizar estudios de mercado, informes sectoriales y documentación estratégica, comparar fuentes y extraer conclusiones clave de forma estructurada y ahorrar tiempo en procesos de investigación previos a la toma de decisiones, validación de ideas de negocio o análisis de competencia. Su enfoque en la investigación guiada y la gestión de fuentes la convierte en una herramienta adecuada para proyectos que requieren rigor, orden y profundidad analítica.

6.4. Paperguide - Asistente de investigación de IA

Paperguide es un asistente especializado en investigación académica y profesional.

 SABÍAS QUE...

En un contexto de negocio, Paperguide permite acceder a estudios, informes y publicaciones especializadas, siendo muy útil para sectores que requieren rigor técnico, análisis profundo del mercado o respaldo documental para justificar decisiones estratégicas.

 TAREA 1

Laura está desarrollando una idea de negocio relacionada con la formación *online* para personas emprendedoras. Quiere utilizar ChatGPT para que le ayude a crear una primera versión de su propuesta de valor y un pequeño plan de contenidos para su web. Sin embargo, en sus primeros intentos, los resultados que obtiene son demasiado genéricos y están poco alineados con su público objetivo. Laura se da cuenta de que el problema no está en la herramienta, sino en cómo formula las instrucciones.

En este contexto, ¿cómo podría Laura utilizar ChatGPT de forma más eficaz aplicando técnicas básicas de *prompt engineering*, para mejorar la calidad de las respuestas y obtener resultados útiles para su negocio?

7. Resumen

Entender qué es la inteligencia artificial implica conocer qué hace esta tecnología, cuáles son sus tres pilares básicos y cuáles son los fundamentos de su operativa.

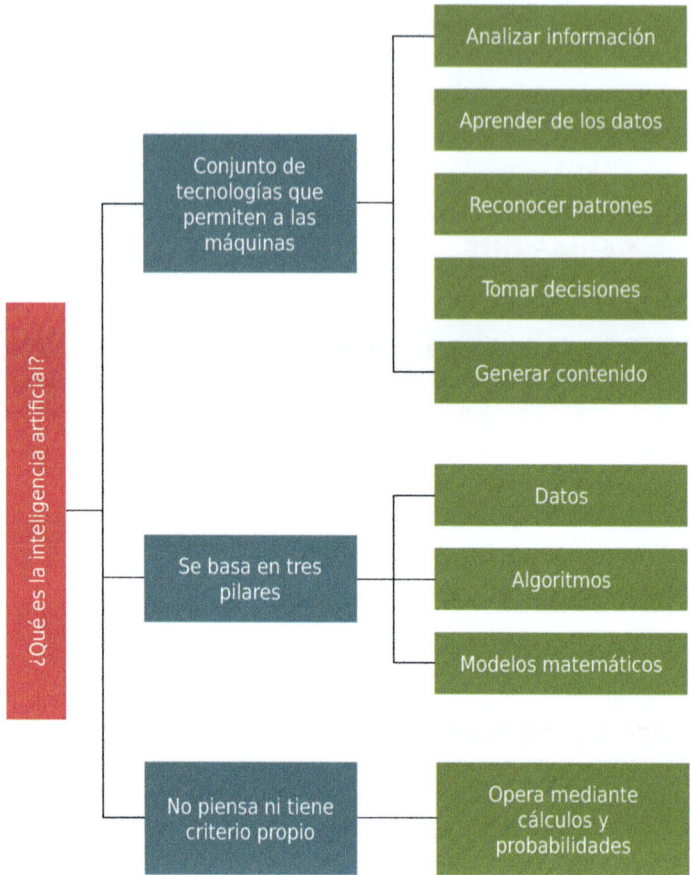

La IA es una tecnología que aprende de los datos, mejora con el uso, reconoce patrones complejos y genera predicciones o contenido nuevo. No son sistemas basados únicamente en reglas fijas, automatizaciones simples o tareas repetitivas sin aprendizaje.

Las principales aplicaciones empresariales de la IA son:

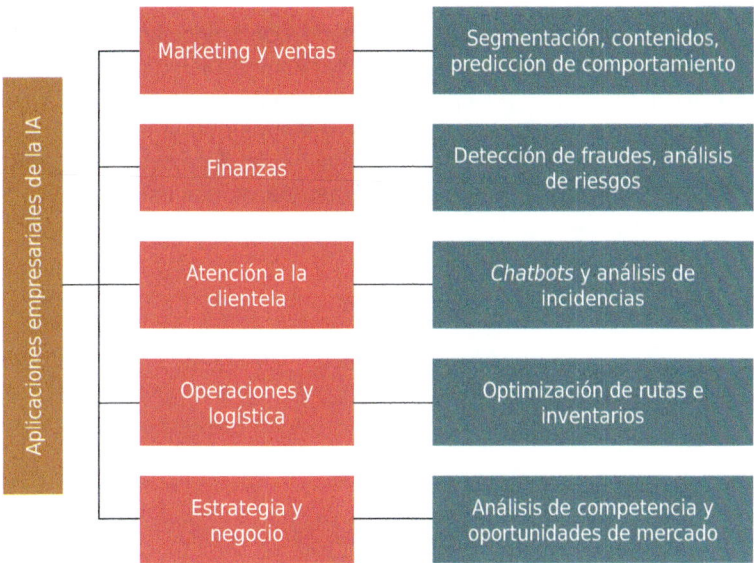

Los usos más habituales de la IA por empresas y negocios son:

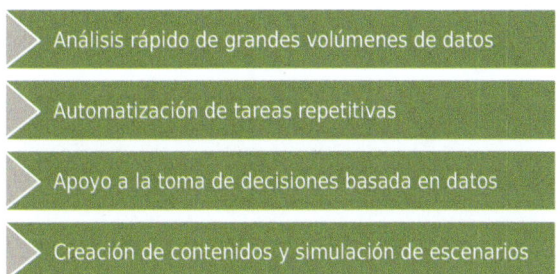

La IA aporta importantes ventajas y beneficios en el ámbito empresarial, como el aumento de la productividad, la reducción de errores, una mejor toma de decisiones, la escalabilidad del negocio y el acceso a capacidades avanzadas sin grandes inversiones. También, presenta riesgos y limitaciones que deben gestionarse, como la dependencia excesiva de la tecnología, la información sesgada, la falta de pensamiento crítico, los problemas éticos y de privacidad o la desinformación, lo que hace imprescindible la supervisión humana. Aplicada a la ideación de negocios, la IA permite definir la identidad corporativa, analizar la competencia, conocer al público objetivo, realizar un análisis DAFO y construir una propuesta de valor diferencial. Todo ello se apoya en el uso de modelos de lenguaje (LLM), que se eligen según la tarea que realizar, siendo ChatGPT uno de los más utilizados como asistente conversacional para generar contenido, analizar información y apoyar decisiones mediante el uso de *prompts* bien diseñados. En este contexto, el *prompt engineering* se convierte en una competencia clave para optimizar los resultados obtenidos, mientras que la investigación de mercado con IA permite analizar información fiable y actualizada para validar ideas, comprender el entorno y tomar decisiones estratégicas con mayor rigor.

Ejercicios de autoevaluación
Unidad de Aprendizaje 1

1. Indica si las siguientes afirmaciones son verdaderas o falsas:

a. La inteligencia artificial puede analizar datos y generar contenido, pero no posee pensamiento ni criterio propio.

   ■ Verdadero
   ■ Falso

b. Una hoja de Excel con fórmulas automáticas se considera inteligencia artificial porque automatiza cálculos.

   ■ Verdadero
   ■ Falso

c. La IA funciona a partir de datos, algoritmos y modelos matemáticos.

   ■ Verdadero
   ■ Falso

2. ¿Cuál de los siguientes elementos es la materia prima de la inteligencia artificial?

a. Los algoritmos
b. Los datos
c. El *hardware*
d. La creatividad humana

3. ¿Qué caracteriza a un sistema que sí puede considerarse inteligencia artificial?

a. Ejecuta siempre las mismas instrucciones sin aprender.
b. Aprende a partir de datos y mejora con el uso.
c. Funciona únicamente con reglas fijas.
d. Automatiza tareas simples sin análisis.

4. ¿En cuál de las siguientes áreas la inteligencia artificial no se utiliza habitualmente en el ámbito empresarial?

    a. *Marketing* y ventas
    b. Recursos humanos
    c. Atención a la clientela
    d. Construcción de infraestructuras físicas

5. ¿Cuál es uno de los principales beneficios del uso de la IA en las empresas?

    a. Eliminar completamente el criterio humano.
    b. Reducir la necesidad de supervisión.
    c. Aumentar la productividad y ahorrar tiempo.
    d. Sustituir la estrategia empresarial.

6. ¿Cuál es un riesgo asociado al uso inadecuado de la inteligencia artificial?

    a. Mejora constante de los resultados.
    b. Dependencia excesiva y pérdida de pensamiento crítico.
    c. Mayor objetividad en todas las decisiones.
    d. Eliminación de errores en cualquier contexto.

7. ¿Para qué se utiliza la IA en la ideación de un negocio?

    a. Para lanzar un proyecto sin analizar el mercado.
    b. Para sustituir la visión del emprendedor.
    c. Para definir identidad corporativa, analizar competencia y reducir incertidumbre.
    d. Para automatizar únicamente tareas administrativas.

8. ¿Qué es un *buyer* persona?

    a. Un cliente real de la empresa
    b. Una estrategia de *marketing* digital
    c. Una representación semificticia del cliente ideal basada en datos
    d. Un tipo de algoritmo de IA

9. ¿Cuál es la finalidad principal de un análisis DAFO?

    a. Crear contenido para redes sociales.
    b. Evaluar fortalezas, debilidades, oportunidades y amenazas de un negocio.
    c. Automatizar la toma de decisiones.
    d. Sustituir el análisis estratégico humano.

10. ¿Qué es un *prompt* en el contexto de ChatGPT?

    a. Un error generado por la IA
    b. Un tipo de modelo matemático
    c. La instrucción que se da a la IA para obtener un resultado
    d. Un lenguaje de programación

Automatización y creación de contenidos con IA

Contenido

1. Introducción
2. Agentes IA
3. Generación de imágenes, vídeo y sonido con IA
4. Resumen

Objetivos

El objetivo general de esta Unidad de Aprendizaje es:

→ Implementar soluciones prácticas de automatización mediante agentes de IA y herramientas generativas, desarrollando habilidades para crear contenido multimedia, presentaciones y páginas web que optimicen los procesos y la comunicación de una empresa.

Los objetivos específicos de esta Unidad de Aprendizaje son:

→ Implementar agentes de IA para automatizar procesos de creación de contenido, presentaciones y páginas web.

→ Generar contenido multimedia (imagen, video y audio) para potenciar la comunicación empresarial.

1. Introducción

La inteligencia artificial se ha convertido en una herramienta clave para optimizar el trabajo diario de muchas empresas, negocios y profesionales, especialmente cuando se trata de crear contenidos y automatizar procesos. Hoy en día, no se trata solo de utilizar la IA para obtener respuestas, sino de aprender a aprovecharla como un apoyo real para **optimizar procesos, automatizar tareas y mejorar la eficiencia y la toma de decisiones estratégicas** de forma más rápida y coherente.

A lo largo del contenido descubrirás cómo la IA puede ayudarte a **automatizar tareas tanto creativas como operativas,** desde la generación de contenidos hasta la optimización de procesos y flujos de trabajo, sin necesidad de grandes conocimientos técnicos ni inversiones elevadas. Aprenderás a utilizar herramientas accesibles y prácticas que te permitirán mejorar la eficiencia, la comunicación y la organización de tu negocio o proyecto profesional, ahorrando tiempo en esas tareas repetitivas y de bajo valor añadido.

A lo largo del recorrido, conocerás cómo aplicar estas soluciones tomando como contexto la historia de Claudia y su negocio *online.*

2. Agentes IA

☞ HILO CONDUCTOR

Tras lanzar su tienda *online,* Claudia y su equipo se enfrentan a un nuevo reto. Necesitan crear contenido de forma constante en su *e-commerce* (blog, redes sociales, presentaciones, etc.), pero el tiempo y los recursos son limitados. Utilizar ChatGPT manualmente para cada tarea empieza a resultarles insuficiente. Es en este punto cuando descubren los agentes de IA, sistemas capaces de ejecutar tareas de forma autónoma, siguiendo objetivos definidos con flujos de trabajo preestablecidos. Gracias a ellos, el equipo comienza a automatizar procesos repetitivos sin perder el control ni el criterio que como profesionales deben aportar al negocio.

En el contexto actual, muchas empresas y proyectos profesionales se enfrentan al mismo desafío, la necesidad de **producir contenido y ejecutar tareas de forma constante,** manteniendo la calidad y el criterio profesional, pero con recursos limitados. En este escenario, el uso puntual de herramientas de IA resulta útil, aunque insuficiente cuando los procesos comienzan a repetirse y a consumir demasiado tiempo.

Aquí es donde cobra especial importancia el concepto de **automatización inteligente,** que permite delegar determinadas tareas en sistemas capaces de trabajar de forma continuada y organizada. Antes de profundizar en cómo funcionan estos sistemas, es necesario comprender qué son los agentes de IA, qué los diferencia de otros usos más básicos de la inteligencia artificial y por qué se han convertido en una solución clave para optimizar procesos en entornos empresariales.

2.1. Definición de agentes IA

Un **agente de IA** es un sistema que no solo responde a una instrucción puntual, sino que actúa de forma autónoma para cumplir un objetivo determinado para el que es encomendado. Esto es, toma decisiones dentro de unos límites definidos.

A diferencia de un uso puntual de **ChatGPT,** un agente puede realizar las siguientes **tareas:**

Ejecutar tareas encadenadas
- Un agente de IA puede realizar varias acciones de forma consecutiva, sin necesidad de que intervengas en cada paso. Es capaz de seguir un flujo de trabajo definido, donde el resultado de una tarea se utiliza como punto de partida para la siguiente. Por ejemplo, generar un texto base, adaptarlo al tono de la marca y dejarlo listo para revisión en un único proceso automatizado.

Mantener un objetivo constante
- A diferencia de una interacción puntual, un agente de IA no pierde de vista el objetivo para el que ha sido creado. Todas las decisiones que toma están orientadas a cumplir esa finalidad concreta. Por ejemplo, un agente diseñado para marketing mantendrá siempre el enfoque en atraer clientes y comunicar valor, independientemente del tipo de contenido que genere.

Generar resultados de forma recurrente
- Los agentes de IA pueden producir resultados de forma periódica o continua, lo cual los hace especialmente útiles para tareas repetitivas que requieren consistencia en el tiempo. Por ejemplo, generar semanalmente borradores de artículos, informes o publicaciones sin tener que iniciar el proceso desde cero cada vez.

ACTIVIDAD COMPLEMENTARIA

2. Investiga a través de la web, cómo las empresas están utilizando la IA para automatizar tareas en su día a día. Debes buscar posibles usos de IA en contextos empresariales (pymes, *e-commerce,* despachos profesionales, *start ups,* etc.) e identifica tareas concretas que puedan automatizarse gracias a estas tecnologías. A partir de la información encontrada, elabora una breve lista de tareas y reflexiona sobre cómo su automatización podría ahorrar tiempo, reducir errores o mejorar la eficiencia del negocio.

El objetivo de esta actividad es que desarrolles una visión práctica sobre el potencial real de la IA en la empresa, aprendiendo a detectar oportunidades de automatización antes de aplicar cualquier herramienta.

2.2. Diferencia entre ChatGPT y agentes IA

ChatGPT actúa como un asistente bajo demanda o lo que es lo mismo: tú preguntas, él responde. Sin embargo, **los agentes de IA funcionan como sistemas autónomos** de apoyo que ejecutan tareas completas siguiendo instrucciones previas.

IMPORTANTE

Los agentes IA son sistemas inteligentes de ejecución que no sustituyen tu criterio. Funcionan correctamente como asistentes autónomos únicamente si los objetivos, límites y supervisión están bien definidos. Si estas premisas no se cumplen, los agentes de IA podrán generar resultados totalmente incoherentes, poco útiles o incluso contraproducentes, ya que ejecutarán tareas sin estar alineadas con las necesidades reales del negocio ni con el criterio profesional que debe guiar todo tipo de decisiones.

Continúa en página siguiente >>

<< Viene de página anterior

Pasos para construir un agente de IA

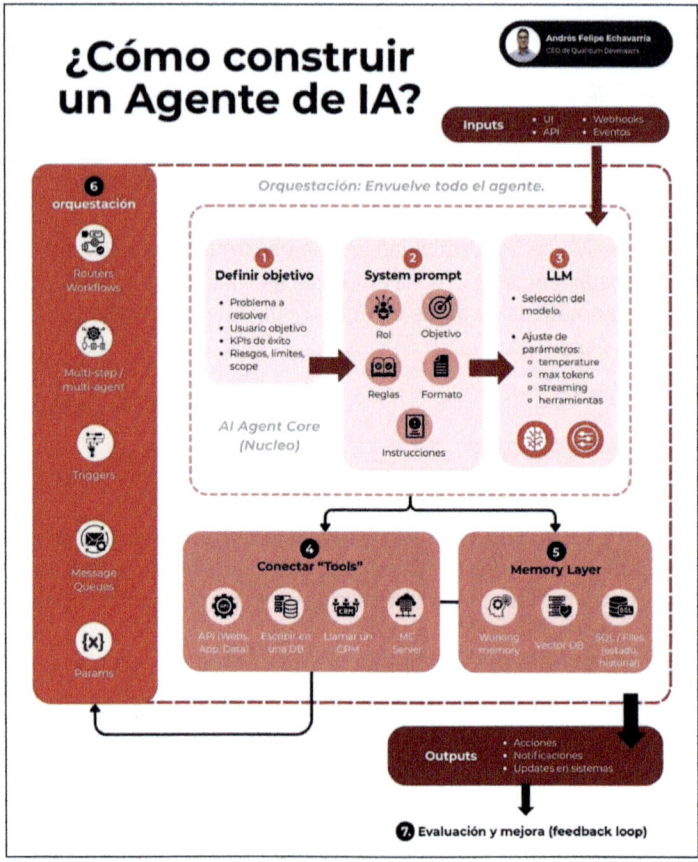

Un agente bien diseñado tiene límites claros y estados bien definidos, además de métricas que en todo momento permitirán conocer cuándo falló y el porqué.
Fuente: Andrés Felipe Echevarría (LinkedIn, 2026)

2.3. Tipos de agentes IA: Manus AI, Genspark AI, MiniMax. Generación de presentaciones para la empresa mediante IA - Gamma.app, Beautiful AI y Napkin AI

No existe un único tipo de agente de IA. En función de la tarea que se quiera automatizar, existen agentes especializados en distintos ámbitos, como la generación de textos largos, la creación de contenidos visuales, la comunicación de *marketing* o la producción de materiales informativos. Elegir el agente más adecuado te permitirá ahorrar tiempo, mejorar resultados y, sobre todo, adaptar la IA a las necesidades reales de tu negocio o proyecto profesional.

A continuación, vas a conocer algunos **agentes de IA** orientados a la automatización de contenidos empresariales a fin de que puedas descubrir qué los hace especialmente útiles en cada caso:

- **Manus AI:** es un agente especialmente orientado a la creación automatizada de textos muy largos y muy bien estructurados. Por ejemplo, artículos de blog, informes o documentos que proporcionan contenidos explicativos.
  Su principal valor diferenciador es la capacidad de mantener coherencia y estructura en textos extensos. Esto convierte esta herramienta en una opción muy interesante cuando necesitas producir contenidos de cierta profundidad sin empezar desde cero en cada ocasión.
- **Genspark AI:** está especializado en la generación de contenidos con enfoque más informativo y visual, combinando texto claro con elementos que facilitan abordar el conocimiento de la materia.
  Esta herramienta destaca por su capacidad para organizar información compleja de forma muy visual y accesible, siendo ideal para materiales divulgativos, contenidos formativos o presentaciones informativas dirigidas a distintos públicos.
- **MiniMax:** se centra en la generación de textos muy creativos y adaptativos, especialmente pensados para *marketing,* comunicación y mensajes orientados a la conversión.
  Su principal atributo diferenciador es la capacidad de adaptar el tono y el estilo del mensaje según el objetivo (vender, informar, atraer o fidelizar), lo cual se convierte en una herramienta muy útil para campañas, descripciones de productos o mensajes de marca.

VÍDEO

Accede al siguiente vídeo para profundizar en el uso práctico de Manus AI. Tras su visualización comprenderás cómo puede ayudarte a automatizar tareas de forma autónoma.

Continúa en página siguiente >>

<< Viene de página anterior

https://redirectoronline.com/adgd00910201

La automatización con IA no se limita únicamente a la generación de texto tal cual. Existen herramientas basadas en IA que permiten aplicar este mismo enfoque a otros formatos clave para las empresas, como son las presentaciones profesionales, las cuales consumen mucho tiempo en su elaboración. En este contexto, la IA actúa como un andamio importante que estructura la información, diseña el contenido visual y es capaz de mantener la coherencia a lo largo de todo el documento o presentación.

Seguidamente, descubrirás distintas **herramientas de IA** especializadas en la creación de presentaciones, con el objetivo de que comprendas sus principales características y puedas valorar en qué situaciones puede resultarte más útil cada una:

Gamma.app
- Gamma.app permite generar presentaciones muy completas a partir de un simple texto, manteniendo una correcta estructura y un diseño profesional de forma automática. Es especialmente útil para presentaciones comerciales, propuestas de negocio o exposiciones internas/externas.

Beautiful AI
- Beautiful AI se centra en el diseño visual inteligente, ajustando automáticamente la disposición de los elementos para que cada diapositiva mantenga un equilibrio estético y profesional sin esfuerzo por parte del usuario.

Napkin AI
- Napkin AI destaca por su capacidad para transformar ideas y textos en esquemas visuales claros, facilitando la explicación de conceptos complejos de forma sencilla y visual.

Presta atención a las imágenes que se muestran a continuación y que vienen a indicar los pasos que has de seguir para comenzar a trabajar con Napkin AI y sacarle el máximo provecho.

Funcionamiento de Napkin AI

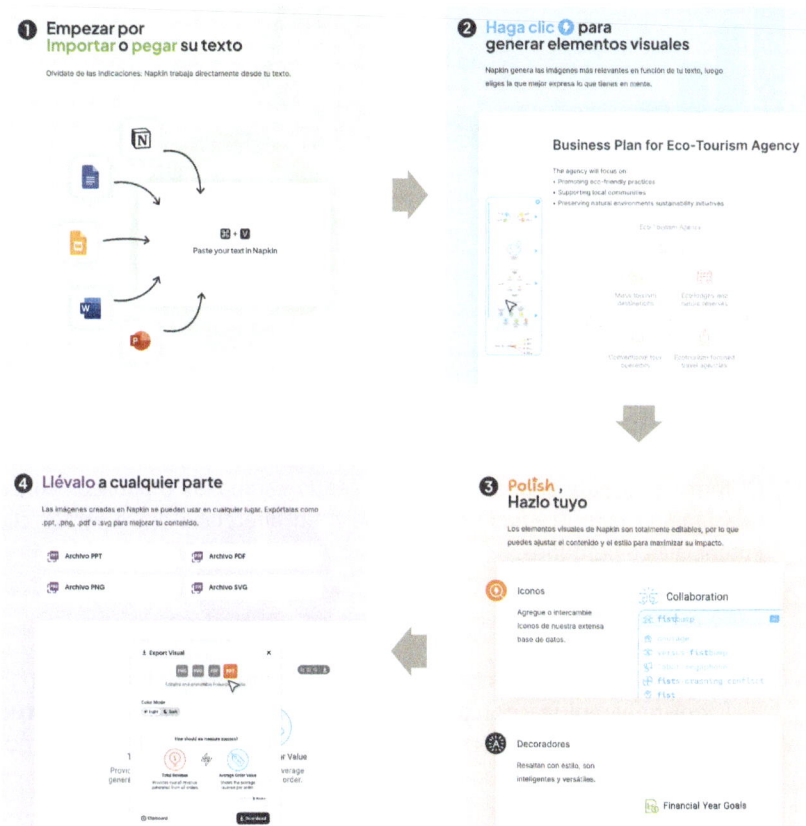

Son simples los pasos que hay que dar para transformar un texto en elementos visuales claros, editables y listos para ser integrados en presentaciones o materiales empresariales. Fuente: Napkin AI.

2.4. Creación de landing page con IA

Una *landing page* es una página **web diseñada con un objetivo concreto,** normalmente captar clientes potenciales, presentar un producto o servicio específico o impulsar una acción determinada, como una compra, un registro o una descarga.

A diferencia de una web corporativa completa, la página de aterrizaje elimina distracciones, tratando de centrar la atención de la persona usuaria en un único mensaje y llamada a la acción.

IMPORTANTE

Para una empresa, una *landing page* es especialmente importante porque permite convertir visitas en oportunidades reales de negocio, medir resultados de forma precisa y adaptar mensajes según campañas o públicos concretos. Una *landing* bien diseñada marca una gran diferencia entre atraer clientes potenciales o perderlos.

Con base en la importancia que tiene, la IA permite generar *landing pages* de forma muy rápida y con total eficiencia, ayudando a definir la **estructura** de la página, la generación de **textos persuasivos** orientados a la conversión y un **diseño básico** coherente con la identidad del negocio.

PARA SABER MÁS

Si buscas una opción gratuita y de código abierto para crear *landing pages* apoyándote en IA, puedes explorar GrapesJS. Esta es una opción especialmente atractiva, pues se trata de un interesante editor mediante bloques *drag & drop*. Esto significa que proporciona a los usuarios elementos prediseñados de una página web como son textos, imágenes, botones o formularios que puedes arrastrar y soltar directamente sobre el lienzo de diseño para construir una

Continúa en página siguiente >>

<< Viene de página anterior

página de forma visual, sin necesidad de programar. Este sistema facilita la creación de *landing pages* y sitios web, ya que permite organizar contenidos de forma intuitiva y rápida.

Accede desde aquí:

https://redirectoronline.com/adgd00910202

2.5. Generación página web con IA

La generación de **páginas web** con inteligencia artificial permite a empresas y a profesionales de cualquier sector **crear una base funcional de su sitio web de forma rápida** sin necesidad de conocimientos avanzados en programación, ni depender constantemente de perfiles técnicos externos. La IA actúa como un asistente que ayuda a estructurar la información, definir contenidos clave acelerando el proceso de creación. Dicho esto, para generar una página web con IA de forma eficaz, es importante que tengas presentes algunos elementos fundamentales.

A continuación, podrás identificar los **aspectos clave** que debes definir antes de utilizar la IA para crear una página web alineada con los objetivos de tu negocio:

Tipo de negocio	- Qué vendes, a qué sector perteneces y qué te diferencia frente a la competencia.
Público objetivo	- A quién va dirigida la web y qué necesidades, intereses o problemas busca resolver.
Objetivo de la web	- Vender, captar *leads*, informar, presentar servicios o reforzar la marca.

A partir de toda esta información, la IA puede ayudarte a **proponer la estructura de secciones de tu página web** (inicio, servicios, sobre nosotros, contacto, etc.). Además, se convierte en una aliada para sugerir **llamadas a la acción coherentes con tus objetivos,** al mismo tiempo que te ayuda a mantener una **coherencia visual y narrativa** en toda la web.

NOTA

WordPress puede ser una buena alternativa para crear páginas web profesionales. Apóyate en IA para generar textos, estructurar páginas o definir contenidos antes de publicarlos. Se trata de un *software* de código abierto que permite integrar fácilmente herramientas de IA mediante *plugins.* Gracias a esto, hoy en día WordPress funciona con IA integrada, pero a través de extensiones externas. Puedes añadir IA a WordPress para las siguientes acciones prioritarias:

1. Generar textos (entradas, páginas, descripciones de productos).
2. Optimizar SEO.
3. Crear *chatbots* o asistentes.
4. Analizar comportamiento de usuarios.
5. Ayudar en el diseño y estructura de páginas.

2.6. Generación de artículos completos para tu blog de empresa

El **blog de empresa** es una herramienta clave para **atraer tráfico, posicionar la marca y generar confianza** en clientes potenciales. Publicar contenidos de calidad de forma constante es una ardua tarea que permite demostrar conocimiento del sector, resolver dudas habituales a la clientela y mejorar la visibilidad del negocio en buscadores. Sin embargo, mantener un blog activo requiere de tiempo, planificación y recursos, algo que no siempre resulta sencillo para cualquiera. En este sentido, la inteligencia artificial se convierte aquí en una gran aliada, ya que puede ayudarte a **acelerar y estructurar el proceso de creación de artículos,** por supuesto, sin sustituir nunca tu criterio como profesional.

A continuación, vas a conocer de forma práctica cómo la inteligencia artificial puede ayudarte en las distintas fases de creación de artículos para el blog de tu empresa:

- **Propuesta de ideas de artículos.** La IA puede ayudarte a generar ideas de artículos alineadas con tu sector y tu público objetivo, facilitando la planificación de contenidos y evitando así bloqueos creativos.
- **Estructura del contenido.** La IA permite definir la estructura del artículo, organizando la información en introducción, apartados y conclusiones con criterio.
- **Generación de borradores.** Con ayuda de la IA es posible generar borradores completos que sirvan como base de trabajo. Esto agiliza el proceso de redacción sin sustituir la revisión profesional.
- **Adaptación del tono y estilo.** La IA puede perfectamente ajustar el tono y el estilo del texto para que se alineen con la identidad de tu marca y el tipo de audiencia a la que te diriges.
- **Optimización SEO.** La IA ayuda a optimizar los textos para buscadores, incorporando palabras clave y mejoras SEO sin perder naturalidad ni claridad en el lenguaje.

 IMPORTANTE

La IA no debe entenderse como un generador de contenido final sin revisión. Su verdadero valor está en ayudarte a ganar tiempo, mantener constancia y mejorar la organización del contenido, mientras tú revisas, tú validas y tú aportas el conocimiento específico de tu negocio.

A continuación, encontrarás **ejemplos de *prompts* específicos** para cada una de las tareas habituales en la creación de artículos de blog para empresas. Puedes utilizarlos tal cual o adaptarlos a las necesidades de tu propio negocio:

1. **Proponer ideas de artículos alineadas con tu sector y público objetivo:**
   Actúa como especialista en contenidos para un blog empresarial del sector de la moda sostenible. Propón 10 ideas de artículos dirigidos a un público joven-adulto interesado en consumo responsable, priorizando temas prácticos y de interés actual.
2. **Definir la estructura del contenido:**
   Crea la estructura detallada de un artículo de blog sobre "Cómo elegir ropa artesanal de calidad". Incluye una introducción, apartados principales con títulos claros y una conclusión orientada a la acción.

3. **Generar un borrador completo como base de trabajo:**
   Redacta un borrador completo de un artículo de blog de unas 800 pala-bras sobre "Ventajas de comprar ropa artesanal frente a la producción en masa". El texto debe ser informativo, claro y pensado para un público no especializado.

4. **Adaptar el tono y estilo al de la marca:**
   Reescribe el siguiente texto con un tono cercano, profesional y alineado con una marca artesanal que apuesta por la sostenibilidad y la cercanía con el cliente. Evita un lenguaje demasiado técnico.
   [Pega aquí el texto]

5. **Optimizar el texto para SEO manteniendo un lenguaje natural:**
   Optimiza este artículo de blog para SEO teniendo en cuenta la palabra clave "ropa artesanal sostenible", sin forzar su uso y manteniendo un lenguaje na-tural y fluido. Propón también un título SEO y una meta descripción.
   [Pega aquí el texto]

NOTA

Estos *prompts* están pensados para que la IA actúe como apoyo estratégico en el proceso de creación de contenidos, facilitando el trabajo y ahorrando tiempo. Antes de utilizarlos, es fundamental contextualizar correctamente la tarea, definir el rol que debe asumir la IA, el objetivo del contenido y el público al que va dirigido, ya que cuanto más clara y específica sea la instrucción, mejores y más útiles serán los resultados. La revisión final, la adaptación al contexto real del negocio, junto con la validación del contenido, deben realizarse siempre por parte de la persona responsable.

3. Generación de imágenes, vídeo y sonido con IA

☞ **HILO CONDUCTOR**

A medida que el equipo avanza en la automatización de contenidos escritos de su *e-commerce*, Claudia y su equipo detectan la necesidad de mejorar la

Continúa en página siguiente >>

<< Viene de página anterior

comunicación visual y audiovisual de la marca. Las imágenes y vídeos disponibles no reflejan adecuadamente el valor de sus productos, pero realizar producciones profesionales supone un coste elevado en esta fase del negocio. Para afrontar este reto, comienzan a utilizar herramientas específicas de IA, con las que logran presentar mejor sus productos, reforzar su identidad de marca y comunicar con mayor impacto y eficiencia, manteniendo siempre el control y el criterio profesional.

A medida que avanzas en la automatización de contenidos escritos, es habitual detectar una nueva necesidad, el **mejorar la comunicación visual y audiovisual de tu negocio para su audiencia.** En un entorno digital cada vez más competitivo, las imágenes, los vídeos y el sonido juegan un papel clave a la hora de captar la atención, transmitir profesionalidad y generar confianza en clientes potenciales.

Sin embargo, para muchas empresas y profesionales, producir contenidos visuales de calidad supone un coste elevado en recursos materiales e inmateriales, especialmente en las primeras fases de un proyecto. En este contexto, la inteligencia artificial se convierte de nuevo en una aliada estratégica, ya que permite crear patrimonios visuales y/o audiovisuales muy atractivos y atrayentes sin grandes inversiones.

Gracias a herramientas específicas de IA, puedes presentar mejor tus productos o servicios, reforzar la identidad de tu marca y comunicar con mayor impacto, eficiencia y coherencia, adaptando los contenidos a distintos canales y públicos.

3.1. Generación de vídeo en Vidnoz - Utilidad de los vídeos para las pymes

El vídeo es uno de los formatos más efectivos para comunicar valor, explicar productos y conectar con la audiencia. **Vidnoz** permite generar vídeos de forma rápida mediante avatares, texto y voz sintética, sin necesidad de grabarte ni contar con equipos de producción.

A continuación, vas a conocer de forma práctica para qué puede resultar especialmente útil la generación de vídeos con IA dentro del ecosistema de una pyme:

Vídeos o tutoriales explicativos de productos y servicios
- La generación de vídeos con IA permite crear contenidos muy llamativos para explicar el funcionamiento, las ventajas o el valor de productos y servicios sin necesidad de grabación ni edición compleja.

Presentaciones corporativas y mensajes comerciales
- Las pymes pueden elaborar presentaciones corporativas o crear mensajes comerciales de forma muy rápida, manteniendo en todo momento una comunicación profesional y coherente con su identidad de marca.

Contenido audiovisual para redes sociales o web
- El uso de vídeos generados con IA facilita la creación de contenido audiovisual adaptado a distintos canales digitales, mejorando la visibilidad y el alcance de la empresa en entornos *online*.

3.2. Generación de vídeo a través de Veo3 de Google

Veo 3 es una herramienta de IA orientada a la generación de vídeos a partir de texto, capaz de crear escenas visuales coherentes de gran calidad. Es especialmente interesante para proyectos que buscan **contar historias muy visuales,** lanzar campañas creativas o reforzar la imagen de marca.

Seguidamente, vas a conocer cómo la generación de vídeo a partir de texto permite apoyar la comunicación visual y creativa de proyectos empresariales y de marca:

Creación de videos conceptuales para campañas publicitarias
- La generación de vídeo con IA posibilita la creación de piezas visuales conceptuales que ayudan a transmitir ideas creativas al mismo tiempo que mensajes publicitarios de forma original, sin la necesidad de llevar a cabo una producción audiovisual tradicional.

Visualización de ideas antes de producirlas
- Esta tecnología facilita representar ideas y conceptos visuales en fases tempranas, permitiendo validar propuestas creativas antes de invertir recursos en su producción definitiva.

Reducción de costes en fases iniciales de comunicación visual
- El uso de vídeo generado por IA contribuye a reducir costes en las primeras etapas de campañas y proyectos audiovisuales, optimizando tiempo y presupuesto sin renunciar a la calidad conceptual.

NOTA

Este tipo de vídeos es ideal para inspirarte, presentar conceptos o reforzar mensajes, siempre revisando que el resultado se alinee con los valores y la identidad de tu negocio.

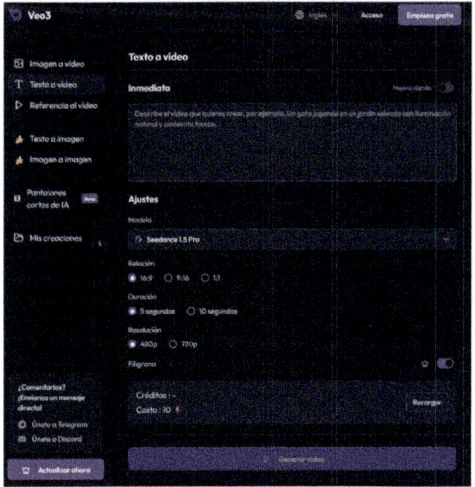

Veo 3 permite a empresas y profesionales de cualquier sector crear piezas audiovisuales personalizadas ajustando formato, duración y resolución. Esto facilita la creación de contenidos en formato vídeo sin necesidad de conocimientos previos. Fuente: Veo3

3.3. Aplicaciones de moda virtual (Sellerpic, Modelia AI)

En sectores como la moda, la presentación del producto es determinante. Las aplicaciones de moda virtual permiten mostrar prendas sobre modelos digitales, sin necesidad de sesiones fotográficas. Prueba a utilizar Sellerpic o Modelia AI. Estas herramientas te facilitarán:

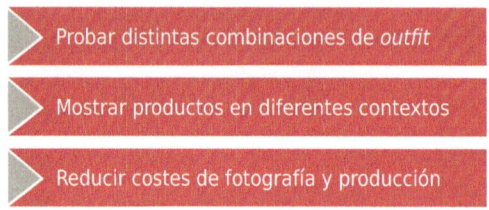

Probar distintas combinaciones de *outfit*

Mostrar productos en diferentes contextos

Reducir costes de fotografía y producción

👁 **EJEMPLO**

Las aplicaciones de moda virtual permiten a las empresas del sector textil presentar sus productos de forma visualmente atractiva y realista, reduciendo costes y acelerando la creación de catálogos digitales.

Estas herramientas permiten mostrar prendas y outfits realistas con modelos. Para generar looks llamativos, basta con partir de fotografías de las prendas; luego, la IA combinará y adaptará la ropa de forma automática. Fuente Modelia AI.

3.4. Elaboración de transcripciones mediante IA

La inteligencia artificial también permite convertir de forma automática contenidos audiovisuales (vídeos, audios, reuniones o presentaciones) en texto escrito, eliminando la necesidad de realizar **transcripciones manuales** o tomar nota. Esta funcionalidad resulta especialmente útil para negocios que generan contenidos de forma habitual (reuniones, grabaciones, etc.) y desean aprovechar estos recursos al máximo sin invertir más tiempo del necesario.

A continuación, conocerás distintos usos de las transcripciones generadas mediante IA para comprender cómo un mismo contenido puede reutilizarse estratégicamente en diferentes formatos y contextos profesionales:

Transformar contenidos audiovisuales en textos reutilizables
- Permite convertir vídeos o pódcasts en artículos de blog, guías o materiales formativos, ampliando el alcance y la utilidad de un mismo contenido.

Extraer ideas clave para distintos canales
- Facilita la obtención de ideas para redes sociales, *newsletters* o publicaciones corporativas a partir de un único material original.

Documentar reuniones y formaciones
- Ayuda a registrar acuerdos, decisiones y aprendizajes importantes derivados de reuniones, formaciones o presentaciones, mejorando el seguimiento y la organización.

Mejorar la accesibilidad de los contenidos
- Permite que más personas accedan a la información en formato texto, favoreciendo la inclusión y la comprensión del contenido.

Además, muchas herramientas de transcripción basadas en IA permiten identificar interlocutores, generar resúmenes automáticos y destacar los puntos más relevantes, lo cual permite mejorar la organización de la información y la toma de decisiones.

IMPORTANTE

El uso de transcripciones mediante IA no solo te hará ahorrar tiempo. También, te permitirá reutilizar un mismo contenido en múltiples formatos. Esto aumenta el valor estratégico de tus recursos, permitiéndote optimizarlos siempre que lo hagas bajo la supervisión necesaria que garantice la calidad y la precisión del resultado final.

APLICACIÓN PRÁCTICA

Claudia y su equipo han grabado un vídeo de 10 minutos explicando el proceso artesanal de sus productos. Quieren aprovechar ese contenido al máximo sin tener que crear materiales nuevos desde cero. Deciden utilizar una herramienta de IA para transcribir el vídeo a texto. ¿Cuál de las siguientes opciones representa el uso más adecuado y estratégico de esa transcripción en su negocio?

- **Guardar la transcripción únicamente como archivo interno sin volver a utilizarla.**
- **Publicar la transcripción completa sin revisarla ni adaptarla a ningún formato.**
- **Utilizar la transcripción para crear un artículo de blog, extraer ideas para redes sociales y documentar información relevante del proceso, revisando y adaptando el contenido antes de publicarlo.**
- **Eliminar el vídeo original y trabajar solo con el texto generado por la IA.**

Solución

La tercera opción demuestra un uso estratégico y profesional de la inteligencia artificial aplicada a la transcripción de contenidos. Al reutilizar un mismo material en distintos formatos como blog, redes sociales y documentación interna, el equipo optimiza tiempo y recursos, aumenta el alcance del contenido y mejora la eficiencia del negocio. Además, la revisión y adaptación por parte de los profesionales garantizan la calidad, coherencia y validación del mensaje a cada canal, manteniendo siempre el criterio profesional como elemento clave.

3.5. Generación de música a través de IA - Suno AI

Otro recurso interesante que puedes aprovechar para conectar con tu audiencia es el **sonido.** ¿Sabías que el sonido es un elemento clave para reforzar la identidad de marca? Para que puedas beneficiarte de ello utiliza herramientas como **Suno AI.** Te permitirán generar música original a partir de texto; además, no tendrás que preocuparte por los derechos de autor.

NOTA

Con ayuda de la IA y herramientas como Suno podrás crear música para vídeos corporativos, acompañar contenidos promocionales, manteniendo coherencia sonora en tu comunicación.

A continuación dispones de un ejemplo de *prompt* para Suno con el que es posible impulsar un *e-commerce* dedicado a la bisutería personalizada:

Crea música original para un e-commerce *de bisutería personalizada. Estilo moderno y elegante, con un ritmo suave y dinámico que transmita creatividad y exclusividad. La música debe servir como fondo para vídeos **promocionales en redes sociales, dirigida a un público joven-adulto, con el objetivo de aumentar la audiencia y favorecer la venta de productos.***

Veamos ahora cuál es el resultado que proporciona Suno para esta instrucción:

Continúa en página siguiente >>

<< Viene de página anterior

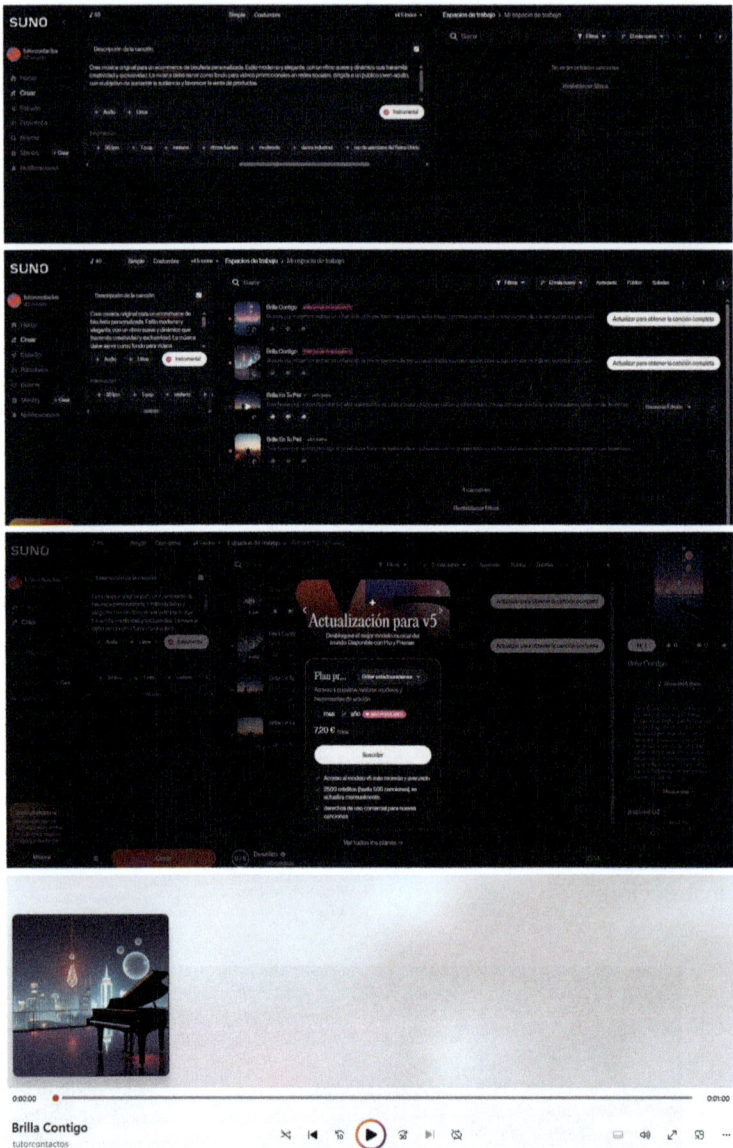

Brilla Contigo
tutorcontactos

La música generada mediante este ejemplo con Suno se utiliza únicamente con fines formativos e informativos. No está destinada a su comercialización ni a un uso profesional sin revisar previamente las condiciones de licencia y derechos de uso de la plataforma. Fuente Suno.

SABÍAS QUE...

La música generada con IA puede adaptarse al estilo, ritmo o emoción que quieras transmitir, por ejemplo, minimalista, pop, *chill, luxury,* artesanal, etc., reforzando la experiencia del usuario sin necesidad de conocimientos musicales.

TAREA 2

Miguel es responsable de comunicación de una pequeña academia de formación profesional *online* especializada en cursos de competencias digitales. Quiere mejorar la visibilidad de la academia en redes sociales y en su página web, pero no dispone de presupuesto para contratar servicios profesionales de diseño, vídeo o edición de audio. Para resolver esta situación, decide utilizar herramientas de IA para crear contenidos atractivos que le ayuden a comunicar mejor la oferta formativa y captar nuevo alumnado. En este contexto, ¿cómo podría Miguel implementar de forma adecuada la inteligencia artificial para generar contenidos multimedia a fin de que estén alinados con los objetivos de su proyecto formativo?

---

4. Resumen

La automatización mediante **agentes de IA** permite ir un paso más allá del uso puntual de herramientas conversacionales basadas en IA:

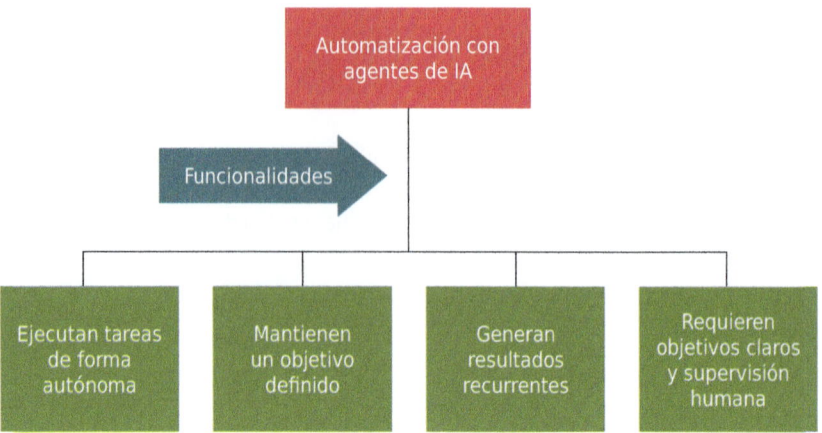

No existe un único tipo de agente de IA, sino soluciones especializadas según la tarea. Saber elegir el agente adecuado en función del objetivo permite mejorar resultados y adaptar la IA a las necesidades reales del negocio.

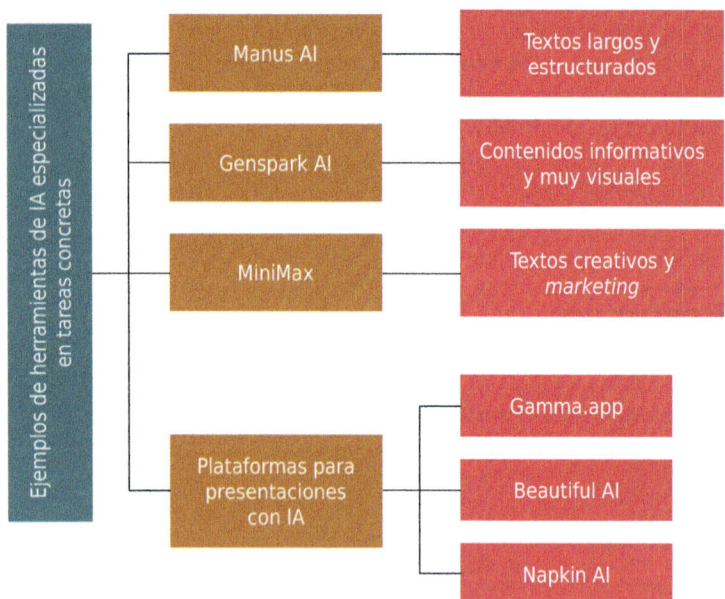

La IA también es útil para crear y mantener contenidos web de forma más rápida y profesional, abarcando desde *landing pages* y **páginas web** completas hasta **artículos de blog**.

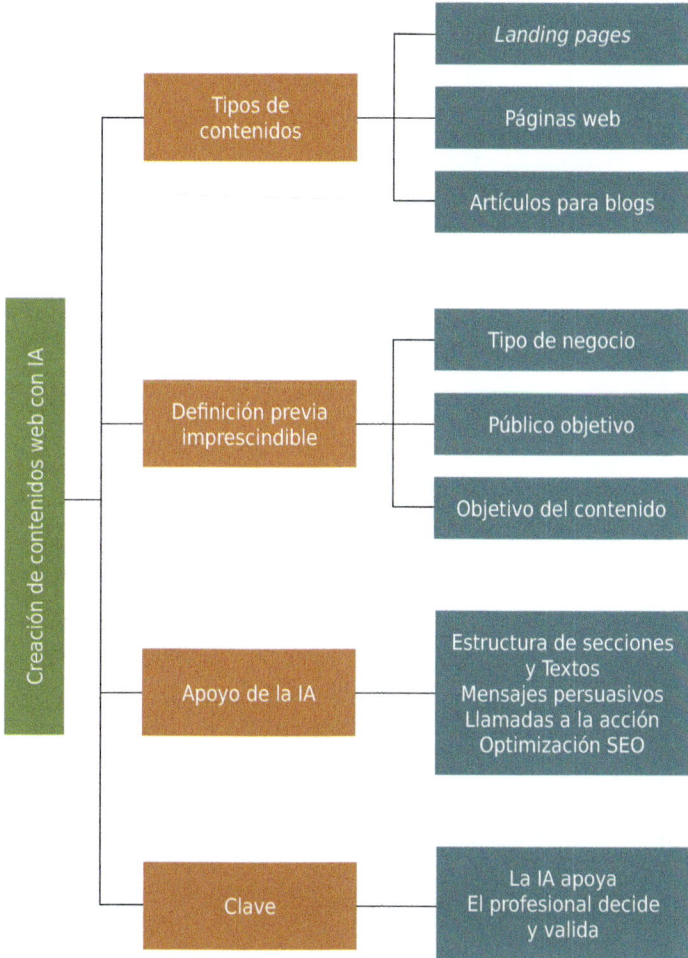

La IA igualmente permite mejorar significativamente la comunicación visual, audiovisual y sonora de los negocios en entornos digitales, al mismo tiempo que facilita la reutilización de contenidos y promueve un uso más eficiente de los recursos disponibles. Imágenes, vídeos, música y transcripciones pueden generarse o transformarse con IA sin necesidad de grandes inversiones técnicas o económicas.

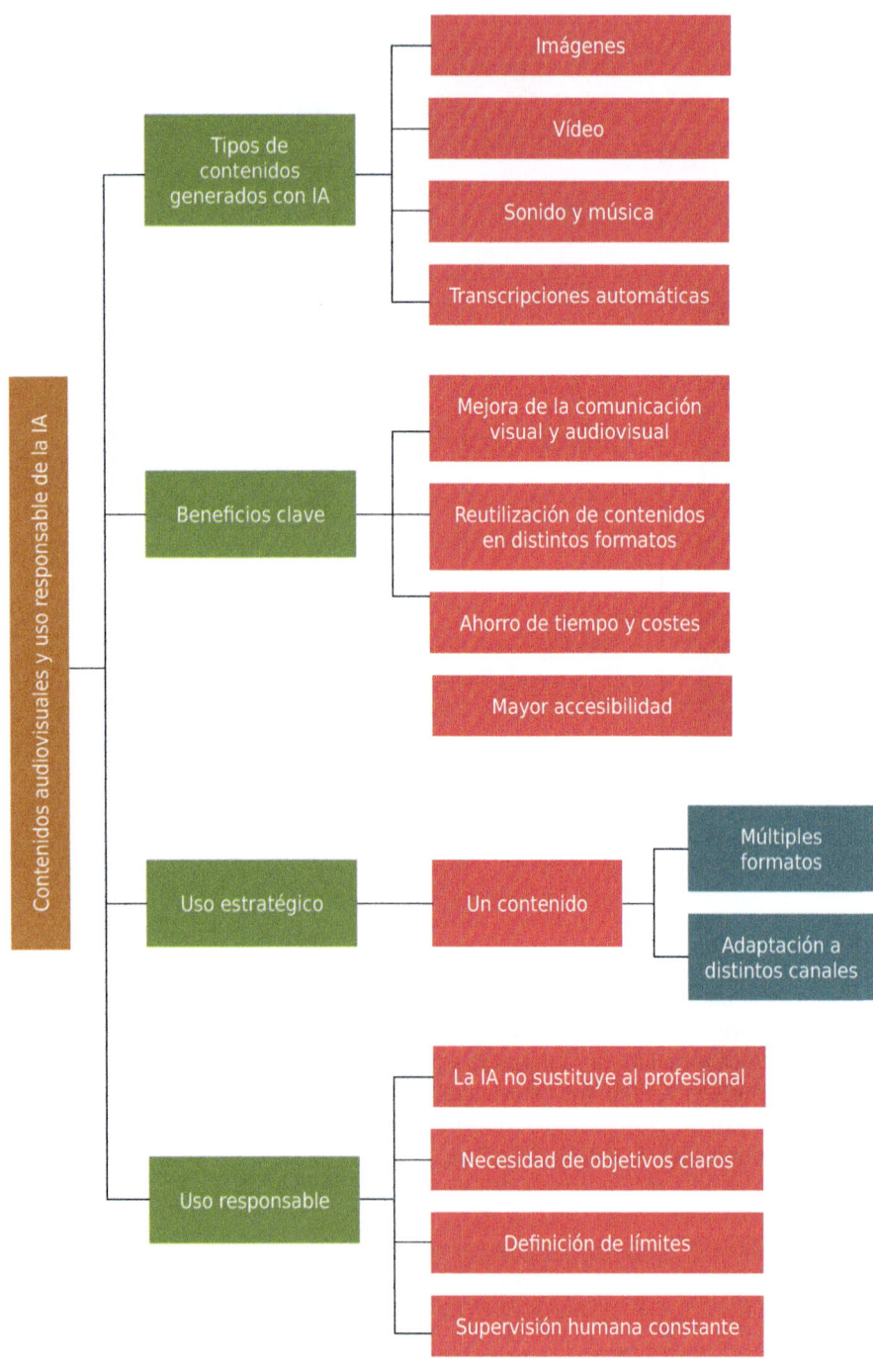

El uso de estas herramientas debe realizarse siempre desde una perspectiva responsable. La IA no sustituye el criterio profesional, sino que actúa como apoyo. Definir correctamente los objetivos, establecer límites claros y mantener la supervisión humana es imprescindible para garantizar resultados coherentes, éticos y alineados con las necesidades reales del negocio.

Ejercicios de autoevaluación
Unidad de Aprendizaje 2

1. Indica si las siguientes afirmaciones son verdaderas o falsas.

    a. Los agentes de IA pueden ejecutar tareas de forma autónoma siempre que tengan objetivos y límites bien definidos.

        ■ Verdadero
        ■ Falso

    b. Los agentes de IA sustituyen completamente el criterio profesional de la persona usuaria.

        ■ Verdadero
        ■ Falso

    c. La automatización con IA solo es útil para generar textos escritos.

        ■ Verdadero
        ■ Falso

2. ¿Qué diferencia principal existe entre ChatGPT y un agente de IA?

    a. Un agente de IA actúa como sistema autónomo que ejecuta tareas completas siguiendo instrucciones previas.
    b. ChatGPT no puede generar contenido multimedia.
    c. ChatGPT solo funciona en empresas grandes.
    d. Los agentes de IA no requieren supervisión humana.

3. ¿Cuál de las siguientes características define mejor a un agente de IA?

    a. Responde únicamente a preguntas puntuales.
    b. Ejecuta siempre una sola tarea aislada.
    c. Mantiene un objetivo constante y genera resultados de forma recurrente.
    d. Funciona sin necesidad de configuración previa.

4. ¿Para qué tipo de tareas resulta especialmente útil Manus AI?

    a. Generación de música y sonido
    b. Creación de textos largos y bien estructurados
    c. Diseño gráfico avanzado
    d. Gestión de bases de datos

5. ¿Qué ventaja principal aportan herramientas como Gamma.app, Beautiful AI o Napkin AI?

    a. Eliminan la necesidad de comunicar ideas.
    b. Automatizan únicamente el contenido textual.
    c. Facilitan la creación de presentaciones profesionales de forma rápida y bien estructurada.
    d. Sustituyen al equipo de diseño de una empresa.

6. ¿Cuál es el objetivo principal de una _landing page_ en el ámbito empresarial?

    a. Mostrar toda la información corporativa de la empresa.
    b. Sustituir una web corporativa completa.
    c. Servir únicamente como elemento decorativo.
    d. Captar clientes potenciales o impulsar una acción concreta.

7. ¿Qué elementos es importante definir antes de generar una página web con IA?

    a. Solo el diseño visual.
    b. El tipo de negocio, el público objetivo y el objetivo de la web.
    c. Únicamente el nombre de la empresa.
    d. El número de visitas esperado.

8. ¿Cómo debe entenderse el uso de la IA en la creación de artículos para un blog empresarial?

    a. Como un generador automático de contenido final sin revisión.
    b. Como un sustituto del conocimiento del sector.
    c. Como un sistema que elimina la necesidad de planificación.
    d. Como una herramienta de apoyo que ayuda a ahorrar tiempo y organizar el trabajo.

9. **¿Qué permite la elaboración de transcripciones mediante IA?**

    a. Eliminar la necesidad de crear contenidos.
    b. Reutilizar contenidos audiovisuales en distintos formatos.
    c. Sustituir reuniones y formaciones.
    d. Generar únicamente documentos legales.

10. **¿Por qué es imprescindible la supervisión humana al utilizar agentes de IA?**

    a. Porque la IA siempre genera errores técnicos.
    b. Porque los agentes de IA no funcionan sin internet.
    c. Porque sin objetivos, límites y supervisión pueden generar resultados incoherentes o contraproducentes.
    d. Porque la IA no puede automatizar tareas.

Estrategia digital: LinkedIn y plan de *marketing* con IA

Contenido

1. Introducción
2. LinkedIn
3. Plan de *marketing* para la empresa
4. Resumen

Objetivos

El objetivo general de esta Unidad de Aprendizaje es:

→ Diseñar estrategias digitales efectivas utilizando herramientas de IA para optimizar la presencia profesional en LinkedIn y elaborar un plan de *marketing* integral que impulse la visibilidad, el posicionamiento y el crecimiento empresarial.

Los objetivos específicos de esta Unidad de Aprendizaje son:

→ Optimizar la presencia en LinkedIn mediante herramientas de IA para maximizar el alcance profesional.

→ Desarrollar un plan de *marketing* integral utilizando la combinación de NotebookLM y Gemini para estrategias efectivas.

1. Introducción

En un entorno empresarial cada vez más digitalizado y competitivo, contar con una buena estrategia digital se ha convertido en un factor clave para la visibilidad, el posicionamiento y el crecimiento de cualquier empresa. Las herramientas de inteligencia artificial han abierto nuevas posibilidades para diseñar, optimizar y ejecutar estrategias de *marketing* con eficiencia, permitiendo a profesionales y organizaciones tomar decisiones basadas en datos, ahorrar tiempo y maximizar el impacto de sus acciones.

A lo largo del contenido se abordará el papel estratégico de LinkedIn como la principal red profesional para empresas y emprendedores. LinkedIn no solo funciona como un escaparate de marca personal o corporativa, sino también como un canal fundamental para generar oportunidades de negocio, fortalecer la reputación profesional y conectar con clientes, colaboradores y *partners*. A través del uso de herramientas de IA, aprenderás a optimizar perfiles, mejorar la comunicación y aumentar el alcance de forma alineada con los objetivos empresariales.

Del mismo modo, profundizarás en el plan de *marketing* como herramienta esencial para organizar, planificar y coordinar las acciones digitales de tu empresa. Se analizarán sus elementos clave y se trabajará la creación de un plan de *marketing* integral apoyado en soluciones de IA como NotebookLM y Gemini, que facilitan el análisis de información, la generación de estrategias y la coherencia entre objetivos, acciones y mensajes.

Para ello, nos basaremos en el caso de Claudia y su equipo para comprender cómo aplicar de forma práctica estas estrategias, integrando LinkedIn y el plan de *marketing* con IA como palancas reales de crecimiento y profesionalización del proyecto empresarial.

2. LinkedIn

☞ HILO CONDUCTOR

Claudia y su equipo han conseguido automatizar parte de sus procesos internos gracias a la IA, pero ahora se enfrentan a un nuevo desafío. Necesitan ganar visibilidad y posicionar su empresa en el entorno digital. Tras analizar sus

Continúa en página siguiente >>

<< Viene de página anterior

canales de comunicación, detectan que su presencia en LinkedIn es débil, poco estratégica y no refleja el verdadero valor del proyecto. A partir de este punto, deciden utilizar LinkedIn como eje central de su estrategia digital, apoyándose en herramientas de IA para optimizar su perfil y conectar esta acción con un plan de *marketing* más amplio.

Antes de profundizar en su importancia para la empresa, es necesario comprender qué es realmente **LinkedIn** y qué lo diferencia de otras redes sociales.

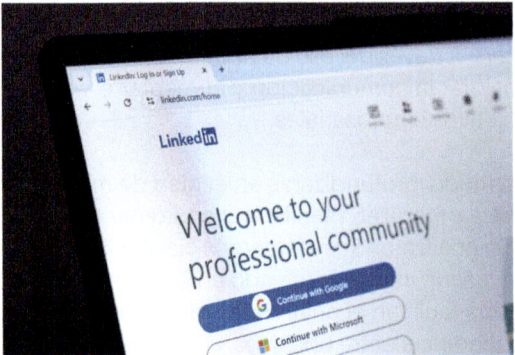

LinkedIn es una plataforma digital orientada al ámbito profesional que permite a personas y empresas presentar su trayectoria, compartir conocimiento y establecer relaciones laborales y comerciales.

 IMPORTANTE

A diferencia de otras redes más enfocadas al entretenimiento, LinkedIn se centra en el valor profesional, el intercambio de ideas, la generación de oportunidades y la construcción de una identidad digital alineada con los objetivos de carrera o de negocio. Para las empresas, funciona como un espacio estratégico donde comunicar quiénes son, qué aportan y cómo se posicionan dentro de su sector.

2.1. Importancia de LinkedIn para la empresa

LinkedIn es la red profesional más importante a nivel global. Cumple un papel clave para las empresas porque permite alcanzar una serie de objetivos.

A continuación, descubrirás por qué **LinkedIn es una herramienta estratégica clave** para **cualquier negocio** y cómo cada uno de estos aspectos impacta directamente en su crecimiento y posicionamiento:

- **Construir credibilidad y reputación profesional.** LinkedIn permite mostrar quién eres, qué haces y cómo trabajas. Un perfil bien optimizado transmite confianza, profesionalidad y coherencia, elementos clave para que clientes y colaboradores crean en tu proyecto.
- **Dar visibilidad a la marca y a sus valores.** A través de publicaciones y contenido estratégico, la empresa puede comunicar su misión, visión y valores e incluso su forma de trabajar, haciendo que la marca sea reconocible dentro de su sector.
- **Generar oportunidades comerciales y alianzas.** LinkedIn facilita el contacto directo con clientes potenciales, *partners* y proveedores, convirtiéndose en un canal activo para crear relaciones profesionales y oportunidades de negocio.
- **Posicionarse como referente en un sector concreto.** Compartir conocimiento, experiencias y aprendizajes permite a la empresa demostrar *expertise,* diferenciarse de la competencia y consolidar su posición como referente en su ámbito profesional.

NOTA

En el caso de Claudia, LinkedIn se convierte en el escaparate donde clientes potenciales, colaboradores e inversores pueden entender quiénes son, qué hacen y por qué su proyecto es relevante. No estar en LinkedIn no significa no existir, pero estar mal posicionado significa perder oportunidades.

2.2. Optimización del perfil mediante IA

En el actual paradigma empresarial y con idea de que puedas mejorar tu presencia en LinkedIn, necesitarás emplear la IA como apoyo estratégico.

A continuación, descubrirás **cómo optimizar un perfil de LinkedIn con ayuda de la inteligencia artificial,** trabajando los tres elementos clave que más influyen en el posicionamiento y el alcance profesional. Estos tres elementos son:

Titular y extracto profesional
- La IA permite redactar titulares más precisos, adaptar el lenguaje al público objetivo e incorporar palabras clave que mejoran el posicionamiento en LinkedIn. Ayuda a crear un perfil orientado al valor.

Experiencia y logros
- Gracias a la IA, las descripciones profesionales se reformulan para que resulten más precisas y atractivas. Se ponen en valor los resultados y aprendizajes; además, se unifica el tono comunicativo de todo el perfil para transmitir coherencia y profesionalidad.

Contenido y actividad
- La IA también apoya la estrategia de contenido. Ayuda a generar ideas de publicaciones, mejorar los textos publicados y adaptar el mensaje al formato y al público de LinkedIn, favoreciendo una presencia más activa y visible.

IMPORTANTE

El *networking* en LinkedIn permite identificar y conectar directamente con personas clave para el negocio, como clientes potenciales, colaboradores o socios estratégicos. Una red profesional bien gestionada facilita el acceso a nuevas oportunidades comerciales, acelera la generación de contactos cualificados y refuerza la credibilidad de la empresa, convirtiendo LinkedIn en un canal directo para impulsar el crecimiento y la expansión de cualquier tipo de negocio.

Desde un punto de vista técnico, LinkedIn utiliza algoritmos inteligentes de recomendación y búsqueda que analizan múltiples variables para decidir qué perfiles y contenidos mostrar con mayor frecuencia.

A continuación, conocerás cómo funciona el algoritmo de LinkedIn y qué factores tiene en cuenta para decidir la visibilidad de perfiles y contenidos dentro de esta red profesional:

- **Relevancia semántica.** LinkedIn analiza las palabras clave del titular, el extracto junto con la experiencia profesional para comprobar su coincidencia con las búsquedas de los usuarios. Cuanto mayor sea la coherencia semántica, mayor será la probabilidad de aparecer en resultados y recomendaciones.
- **Actividad y consistencia.** El algoritmo valora la frecuencia con la que el perfil publica, interactúa y se actualiza. Una presencia constante indica que el perfil está activo y aporta valor. Esto favorece indudablemente la visibilidad dentro de la red.
- ***Engagement.*** Se tienen en cuenta las reacciones, comentarios y post compartidos que generan tanto el perfil como sus contenidos. Un mayor nivel de interacción indica relevancia, lo que se traduce en un aumento de la difusión orgánica.
- **Afinidad con la red.** LinkedIn evalúa la relación entre el perfil, sus contactos y los intereses profesionales comunes. Cuanta mayor afinidad exista con la red de contactos, más probabilidades hay de que el contenido se muestre a personas con intereses similares.

Los algoritmos de LinkedIn evalúan relevancia, engagement y afinidad profesional para posicionar perfiles y contenidos dentro de la red.

La IA permite optimizar estratégicamente todas esas variables. Es capaz de analizar qué términos son más relevantes, adaptar el lenguaje al algoritmo sin perder naturalidad, organizar la información con claridad y generar contenidos alineados con los patrones que el sistema prioriza. Por ello, emplear IA en la optimización del perfil no es solo una cuestión de eficiencia, sino una forma de mejorar el posicionamiento, aumentar la visibilidad y maximizar el alcance profesional dentro de la red.

Una vez que has comprendido que optimizar un perfil adecuadamente en LinkedIn no solo depende de escribir y redactar bien la información, sino de utilizar la IA como apoyo estratégico, a partir de aquí aprenderás a mejorar tu presencia en esta plataforma profesional conociendo algunas interesantes herramientas de IA que fácilmente podrás implementar. Estas inteligencias artificiales podrán ayudarte **a posicionarte mejor, ahorrar tiempo y comunicar con mucho más impacto.** Seguidamente descubrirás cómo cada herramienta puede apoyarte en todo ese proceso. Algunas de estas herramientas son:

- **Resume Worded:** esta herramienta analiza tu perfil y te indica qué debes mejorar para destacar frente a otros profesionales. Te ayuda a optimizar el titular, el extracto y la experiencia, alineándolos con los criterios que valora el algoritmo de LinkedIn. Es ideal si quieres pulir tu perfil antes de empezar a atraer oportunidades.
- **Linked360:** te permite crear publicaciones que atraen atención sin perder tu estilo personal. Con IA, te ayuda a mantener constancia, estructurar mejor tus ideas y conectar con tu audiencia. Es clave si quieres construir comunidad y reforzar tu marca profesional.
- **AI Carousel:** con esta herramienta puedes crear carruseles visuales atractivos en pocos minutos, sin necesidad de conocimientos de diseño. La IA te ayuda con la estructura, el mensaje y las plantillas, facilitando que tu contenido sea más visual y sencillo de compartir.
- **Walead:** automatiza la prospección de leads y genera mensajes personalizados con IA. Te permite hacer *outreach* o estrategias de contactos positivos de forma mucho más personal o humana, ayudándote a conectar con personas clave sin tener un tono genérico o invasivo.
- **LeadLeaper:** esta herramienta extrae datos de contacto. Te ayuda a hacer seguimiento de leads sin depender de CRM complejos. Es especialmente útil si utilizas LinkedIn como canal comercial y quieres ordenar y gestionar tus oportunidades de forma sencilla.

 **PARA SABER MÁS**

Accede a cada una de las Herramientas de IA para la optimización del perfil en LinkedIn desde aquí:

Resumeworded

https://redirectoronline.com/adgd00910301

Linked360

https://redirectoronline.com/adgd00910302

Aicarousels

https://redirectoronline.com/adgd00910303

Continúa en página siguiente >>

<< Viene de página anterior

Walead

https://redirectoronline.com/adgd00910304

Leadleaper

https://redirectoronline.com/adgd00910305

 ACTIVIDAD COMPLEMENTARIA

3. Los sistemas ATS *(Applicant Tracking Systems)* se utilizan para filtrar y pre-seleccionar candidaturas en procesos de selección. Tanto los ATS como el algoritmo de LinkedIn comparten un principio común: analizan palabras clave, estructura y coherencia del perfil profesional. Con base en esta información, lleva a cabo las siguientes acciones:

   a. Buscar información básica sobre qué es un sistema ATS y cómo funciona.
   b. Identificar tres criterios que utilizan los ATS para filtrar perfiles.
   c. Relacionar esos criterios con la optimización del perfil de LinkedIn mediante IA.
   d. Proponer dos acciones concretas para mejorar un perfil profesional y superar tanto ATS como el algoritmo de LinkedIn.

---

3. Plan de *marketing* para la empresa

☞ HILO CONDUCTOR

Una vez optimizado LinkedIn, el equipo entiende que no basta con acciones aisladas. Es necesario un buen plan que dé sentido y dirección a todas sus decisiones de *marketing*. Aquí es donde entra en juego el plan de *marketing* apoyado por IA, que permite transformar acciones aisladas en una estrategia coherente, medible y muy orientada a resultados. Con ello, Claudia y sus colaboradores consiguen consolidar un aprendizaje aplicable a la empresa al mismo tiempo que a cualquier proyecto empresarial.

En el contexto actual, la IA permite analizar grandes volúmenes de información en muy poco tiempo, identificar patrones de comportamiento del mercado, anticipar qué acciones podrían generar mayor impacto, entre otras posibilidades.

El análisis predictivo supone un cambio relevante respecto a los enfoques tradicionales, ya que el plan de marketing deja de basarse únicamente en la intuición o la experiencia previa y pasa a construirse sobre datos reales e hipotéticos, escenarios y simulaciones que mejoran la toma de decisiones.

De este modo, la IA no solo apoya la ejecución, sino que eleva la calidad estratégica del propio plan de *marketing,* haciéndolo más preciso, adaptable y totalmente en línea con la realidad del contexto digital.

3.1. Qué es un plan de *marketing*

Un **plan de *marketing*** es un documento estratégico que define dónde está la empresa, a dónde quiere llegar y qué acciones va a realizar para conseguirlo. Se trata de una herramienta de gestión empresarial válida para negocios con independencia de su tamaño o sector.

La función principal de un plan de *marketing* es la de fijar con criterio las acciones de *marketing* necesarias para alcanzar los objetivos definidos. Siempre ha de elaborarse partiendo de un **análisis de situación,** alimentado por datos de mercado, datos sobre el entorno, datos de la competencia y datos de la propia empresa.

A continuación, se expone un esquema que sintetiza el contenido de un plan de *marketing:*

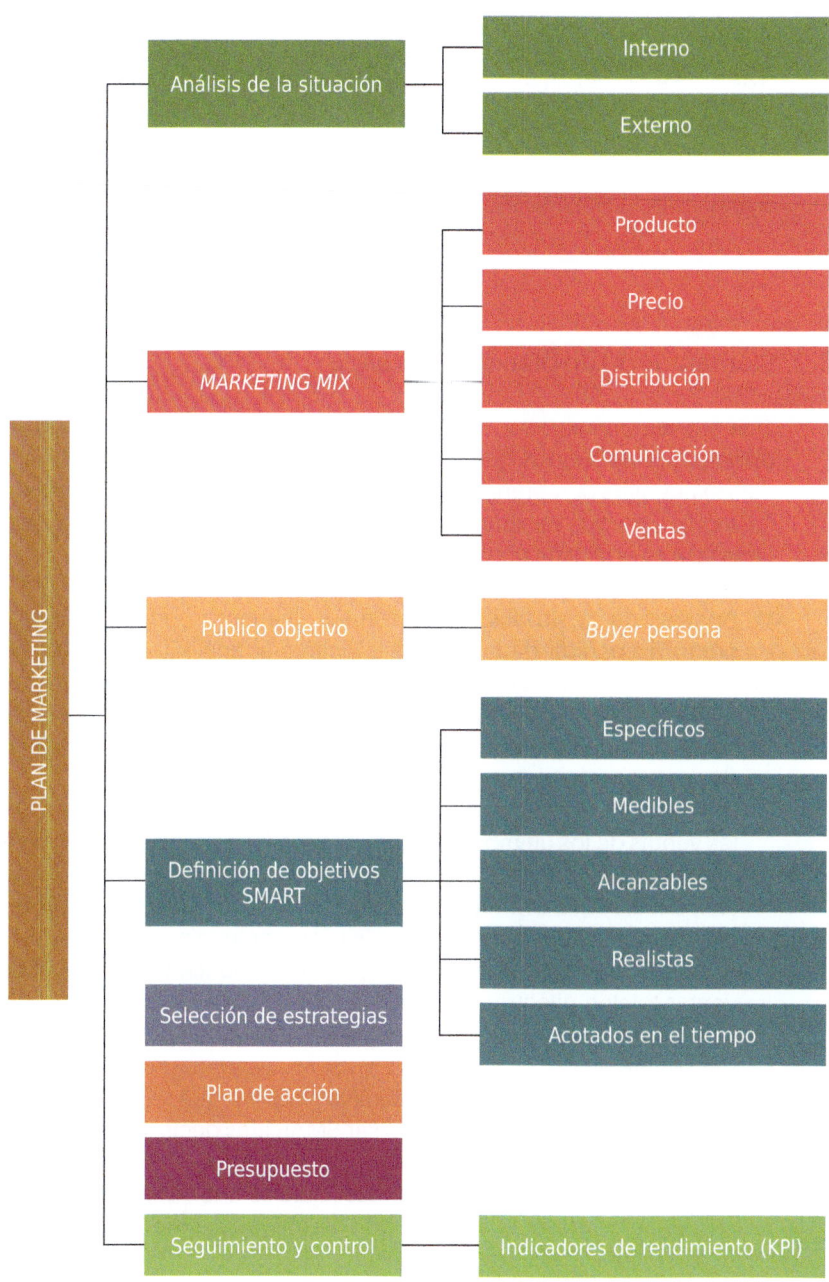

NOTA

Un plan de *marketing* permite conectar LinkedIn con el resto de la estrategia digital, evitando improvisaciones y esfuerzos sin retorno.

3.2. Elementos de un plan de *marketing*

Tras el esquema anterior, es momento de que puedas profundizar en **los principales elementos que dan forma a un plan de *marketing*.** Este abordaje te permitirá comprender cómo se conectan entre sí estos elementos, al mismo tiempo que descubrirás cómo la inteligencia artificial interviene en cada fase para facilitar el paso del análisis a la acción:

- **Análisis de la situación.** Este primer elemento permite identificar el punto de partida de la empresa. Incluye el análisis interno (empresa, producto y recursos) y el análisis externo (mercado, competencia y entorno). La IA agiliza este proceso al analizar grandes volúmenes de datos, detectar patrones y sintetizar información clave para una mejor toma de decisiones.
  Por ejemplo, una empresa utiliza IA para analizar datos internos como las ventas de los últimos 12 meses, el presupuesto disponible y el rendimiento de campañas anteriores (por ejemplo, una tasa media de conversión del 2,5 %). De forma complementaria, analiza datos externos como la cuota de mercado, los precios de la competencia y las tendencias del sector. El análisis revela que dos productos concentran el 65 % de las ventas totales, mientras que otros presentan baja rotación. Esta información permite identificar oportunidades de mejora, priorizando en acciones estratégicas.
- **Definición de objetivos.** Los objetivos indican qué se quiere conseguir con el plan de *marketing*. Deben ser SMART, es decir, específicos, realistas, medibles, alcanzables, acotados en el tiempo y estar alineados con la estrategia general de la empresa. Gracias a la IA, es posible simular escenarios y prever el impacto de determinados objetivos antes de ponerlos en marcha.
  Por ejemplo, una empresa establece como objetivo incrementar las ventas totales en un 15 % en un plazo de seis meses, pasando de una facturación media mensual de 40.000 € a 46.000 €. Mediante IA, se analizan los datos históricos de crecimiento, la estacionalidad y la capacidad operativa, comprobando que el objetivo es viable si se incrementa en

un 10 % la captación de nuevos clientes y se mejora la tasa de conversión en 1,5 puntos porcentuales.

- **Estrategias de *marketing*.** La estrategia define cómo se van a alcanzar los objetivos planteados. En este punto se toman decisiones sobre el posicionamiento, el público objetivo y el enfoque general del *marketing*. La IA permite comparar alternativas estratégicas y seleccionar las más adecuadas según los datos disponibles.

  Por ejemplo, la empresa define una estrategia basada en diferenciar su oferta mediante servicios complementarios y una segmentación clara del público en tres perfiles principales. La IA compara distintas estrategias posibles (reducción de precios, ampliación de canales o diferenciación por valor) y concluye que la estrategia de valor añadido es la más adecuada, ya que aumenta la fidelización en un 20 % y mejora el margen medio por cliente en comparación con otras opciones analizadas.

- ***Marketing* mix (producto, precio, distribución y comunicación).** Este elemento concreta las decisiones operativas del plan. Define qué se ofrece y qué valor aporta el producto, cómo se fija el precio, de qué forma llega al cliente y cómo se comunica el mensaje. La IA ayuda a optimizar estas variables ajustándolas al comportamiento real del mercado y de los consumidores.

  Por ejemplo, la empresa mejora las características del producto incorporando dos funcionalidades demandadas por el 60 % de su clientela, ajusta el precio en un 5 % para alinearlo con el valor percibido y selecciona tres canales de distribución con mayor volumen de ventas. En comunicación, redefine el mensaje destacando los beneficios clave del producto. La IA analiza el comportamiento de compra y confirma que estos ajustes incrementan la intención de compra y reducen la tasa de abandono en el proceso de decisión.

- **Plan de acción.** El plan de acción recoge las acciones concretas que se van a realizar, quién es responsable de cada una y en qué plazos. La IA permite priorizar tareas, automatizar procesos y mejorar la coordinación entre las distintas acciones.

  Por ejemplo, la empresa define un calendario de acciones con dos publicaciones semanales durante tres meses, asignando responsables y fechas concretas para cada tarea. Además, se planifican cuatro campañas promocionales más dos acciones de fidelización. La IA ayuda a generar borradores iniciales, prioriza las acciones según su impacto estimado y permite optimizar los tiempos de ejecución, reduciendo en un 30 % el esfuerzo operativo.

- **Presupuesto.** El presupuesto cuantifica el esfuerzo económico necesario para ejecutar el plan de *marketing*. Con el apoyo de la IA se pueden estimar costes, analizar la rentabilidad de las acciones y ajustar la inversión en función de los resultados esperados.

Por ejemplo, la empresa asigna un presupuesto total de 12.000 € para ejecutar el plan de *marketing* durante seis meses, distribuyéndolo entre campañas, herramientas digitales y creación de contenidos. La IA estima los costes de cada acción, calcula la rentabilidad prevista y recomienda redistribuir un 20 % de la inversión hacia las acciones con mayor retorno esperado, optimizando el uso del presupuesto disponible.

➲ **Seguimiento y control.** Este último elemento permite medir los resultados obtenidos y realizar ajustes cuando sea necesario. La IA facilita el análisis continuo de indicadores, la detección temprana de desviaciones y la adaptación del plan a un entorno cambiante y dinámico.

Por ejemplo, la empresa realiza revisiones mensuales de indicadores clave como ventas, tasa de conversión y retorno de la inversión, comparando los resultados con los objetivos establecidos. La IA analiza estos datos, detecta desviaciones superiores al 10 % respecto a lo previsto y propone ajustes en las acciones y en la asignación de recursos para mejorar de forma continua la eficacia del plan de *marketing*.

NOTA

En el siguiente apartado aprenderás a desarrollar un plan de *marketing* integral utilizando la combinación de NotebookLM y Gemini, aplicando estrategias efectivas basadas en datos, análisis y generación de propuestas apoyadas por inteligencia artificial.

APLICACIÓN PRÁCTICA

Una empresa analiza sus datos con ayuda de la IA consiguiendo obtener la siguiente información:

- **El 70 % de sus ventas procede de un único producto.**
- **La tasa media de conversión actual es del 2,8 %.**
- **El presupuesto disponible para *marketing* es de 15.000 € para los próximos seis meses.**
- **La competencia ha comenzado a ofrecer servicios complementarios que mejoran la fidelización.**

Continúa en página siguiente >>

<< Viene de página anterior

La empresa quiere utilizar esta información para tomar decisiones estratégicas dentro de su plan de *marketing*. Con base en ello, ¿cuál de las siguientes opciones representa correctamente el elemento del plan de *marketing* que se está trabajando y la acción más adecuada en este momento?

- **Definición de objetivos: establecer directamente un calendario de publicaciones semanales para aumentar la visibilidad de la marca.**
- **Análisis de la situación: utilizar la IA para interpretar los datos internos y externos y detectar oportunidades de mejora antes de definir objetivos y estrategias.**
- **Plan de acción: asignar responsables y plazos a campañas promocionales sin revisar datos previos.**
- **Seguimiento y control: medir el retorno de la inversión antes de ejecutar ninguna acción de *marketing*.**

Solución

La segunda opción es la más acertada, ya que la empresa se encuentra en una fase inicial del plan de *marketing*. En este momento, el uso de la IA permite analizar datos internos y externos, detectar patrones y comprender el punto de partida real. Esto es imprescindible antes de definir objetivos, estrategias o acciones concretas. Las otras opciones corresponden a fases posteriores del plan de *marketing*. No serían adecuadas sin haber realizado previamente un análisis sólido sobre la situación.

3.3. Creación del plan de *marketing* mediante IA (NotebookLM + Gemini)

Llegados a este punto, resulta fundamental entender cómo puedes organizar información dispersa y ser capaz de transformarla, con ayuda de la IA, en un documento estratégico coherente que conecte objetivos, estrategias y acciones de *marketing*. Este proceso es clave para que tu negocio o idea emprendedora "prenda" de verdad, pasando de la intención a la acción.

A continuación, podrás observar **cómo se integran realmente NotebookLM y Gemini en un flujo de trabajo completo.**

Flujo de trabajo en tres fases: estructuración, ideación y ejecución
mediante el uso combinado de NotebookLM y Gemini.
Fuente: Generador de imágenes de ChatGPT.

NotebookLM y Gemini son dos herramientas de Google muy potentes ideales para que profesionales de cualquier sector, empresas y emprendimientos puedan extraer de ellas todo su jugo.

NotebookLM	Gemini

- Utilizarás **NotebookLM** para centralizar y organizar toda la información clave de tu negocio o idea emprendedora (documentos, notas, datos y fuentes), creando una base sólida sobre la que construir tu plan de *marketing*.

- Con **Gemini** transformarás esa información organizada en análisis, propuestas y acciones concretas, generando ideas, estrategias y contenidos que te permitirán desarrollar tu plan de *marketing* de forma ágil y coherente con ayuda de la IA.

Integración práctica de NotebookLM y Gemini en un flujo de trabajo que permite pasar de la organización del conocimiento a la definición de decisiones estratégicas de marketing.

 **VÍDEO**

En este vídeo, extraído del canal de YouTube de Xavier Mitjana y publicado en 2025, se muestra cómo utilizar NotebookLM como repositorio de información clave (documentos, notas y fuentes de negocio) y cómo Gemini actúa sobre ese conocimiento para generar análisis, propuestas y contenidos.

Accede al vídeo desde el siguiente enlace:

https://redirectoronline.com/adgd00910306

 **TAREA 3**

Consultado el perfil profesional de un posible candidato a una oferta de empleo que ha postulado para un puesto de trabajo, la empresa reclutadora obtiene la siguiente información:

- Un titular demasiado genérico.
- Extracto poco claro.
- Experiencia descrita como lista de tareas.
- Publicaciones esporádicas sin estrategia.
- *Networking* y oportunidades.

El objetivo es que puedas ayudarle a optimizar su perfil y su actividad en LinkedIn para que pueda aumentar el alcance y mejorar la visibilidad ante reclutadores, clientes o colaboradores, utilizando herramientas de IA como apoyo. Con base en ello, rellena los campos vacíos de la siguiente tabla:

Fase de optimización	Problema detectado	Acción con IA	Herramientas de IA	Resultado esperado
1. Titular y extracto profesional	Titular genérico y extracto poco claro			
2. Experiencia profesional y logros	Experiencia descrita como lista de tareas			
3. Estrategia básica de contenido	Publicaciones esporádicas y sin estrategia			
4. *Networking* y oportunidades	Red de contactos poco trabajada o desorganizada			

4. Resumen

LinkedIn actúa como un canal estratégico para aumentar la visibilidad, reforzar la credibilidad y generar oportunidades profesionales y empresariales. Para ello, es necesario comprender el funcionamiento de su algoritmo y la implementación de la inteligencia artificial para optimizar el perfil profesional o empresarial publicado dentro de esta red profesional.

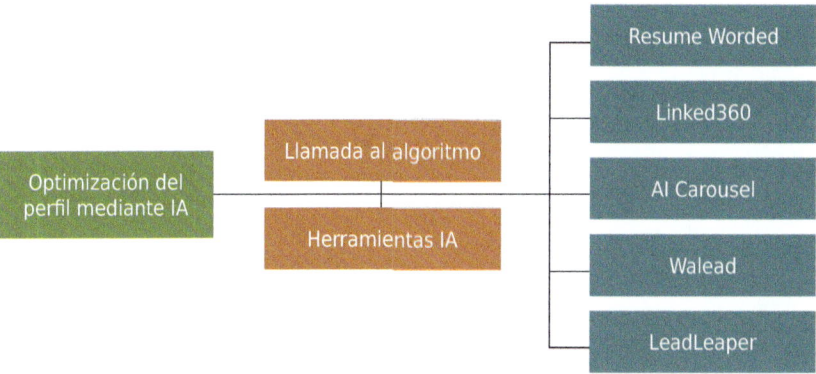

Es clave aprender a desarrollar un plan de *marketing* efectivo con la ayuda de herramientas basadas en IA que abarque desde el análisis de la situación y la definición de objetivos hasta la ejecución, el control y el seguimiento.

Creación de PLAN DE *MARKETING*

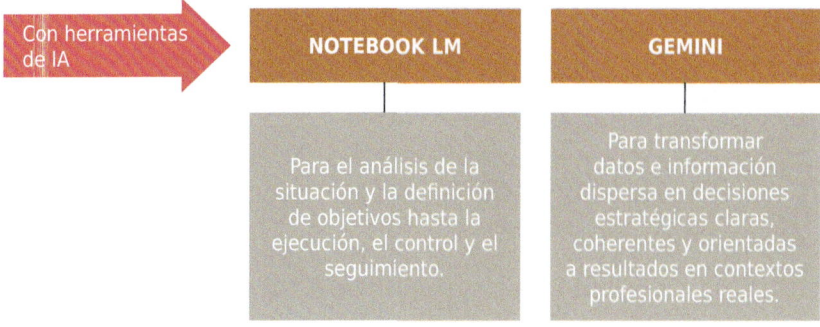

Ejercicios de autoevaluación
Unidad de Aprendizaje 3

1. Indica si las siguientes afirmaciones son verdaderas o falsas:

a. LinkedIn es una red social orientada principalmente al entretenimiento y al consumo de contenido informal.

- ■ Verdadero
- ■ Falso

b. El algoritmo de LinkedIn tiene en cuenta factores como la relevancia semántica del perfil, la actividad y el nivel de *engagement* para posicionar perfiles y contenidos.

- ■ Verdadero
- ■ Falso

c. Un plan de *marketing* define el punto de partida de la empresa, los objetivos a alcanzar y las acciones necesarias para lograrlos.

- ■ Verdadero
- ■ Falso

2. ¿Por qué LinkedIn se considera un canal estratégico para empresas y profesionales?

a. Porque es una red orientada principalmente al entretenimiento.
b. Porque permite compartir contenido informal sin objetivos claros.
c. Porque facilita visibilidad, credibilidad y generación de oportunidades profesionales y de negocio.
d. Porque sustituye al resto de canales digitales.

3. ¿Qué diferencia principalmente a LinkedIn de otras redes sociales generalistas?

a. Su enfoque en el ocio y el entretenimiento.
b. Su orientación al valor profesional y a las relaciones laborales y comerciales.

c. El uso exclusivo de contenido visual.

d. La ausencia de algoritmos de recomendación.

4. ¿Cuál de los siguientes elementos influye directamente en el posicionamiento de un perfil en LinkedIn?

a. Únicamente el número de contactos.

b. El número de mensajes privados enviados.

c. El diseño gráfico del perfil.

d. La relevancia semántica, la actividad y el *engagement* del perfil.

5. ¿Cómo puede ayudar la inteligencia artificial a optimizar un perfil de LinkedIn?

a. Analizando palabras clave, mejorando la redacción y adaptando el contenido al algoritmo.

b. Eliminando la necesidad de actualizar el perfil.

c. Sustituyendo completamente la intervención humana.

d. Limitándose a corregir errores ortográficos.

6. ¿Cuál es la función principal de un plan de *marketing*?

a. Definir de forma organizada las acciones necesarias para alcanzar objetivos empresariales.

b. Crear contenido sin planificación previa.

c. Sustituir la estrategia digital de la empresa.

d. Centrarse únicamente en la comunicación en redes sociales.

7. ¿Qué elemento del plan de *marketing* permite conocer el punto de partida de la empresa?

a. Definición de objetivos

b. Plan de acción

c. Análisis de la situación

d. Presupuesto

8. **¿Qué característica deben cumplir los objetivos dentro de un plan de *marketing*?**

   a. Ser genéricos y flexibles.
   b. Estar basados solo en la intuición.
   c. Ser SMART (específicos, medibles, alcanzables, realistas y acotados en el tiempo).
   d. No depender de datos previos.

9. **¿Qué aporta la IA en la definición de estrategias de *marketing*?**

   a. Automatiza todas las decisiones sin análisis previo.
   b. Se limita a generar textos publicitarios.
   c. Sustituye al análisis del mercado.
   d. Permite comparar escenarios y seleccionar la estrategia más adecuada según los datos.

10. **¿Cuál es una buena combinación de herramientas para crear un plan de *marketing* con IA?**

   a. LinkedIn y Excel
   b. Resume Worded y Linked360
   c. NotebookLM y Gemini
   d. Walead y LeadLeaper

Glosario

Análisis predictivo
Uso de modelos de IA para anticipar comportamientos, resultados o tendencias a partir de datos históricos.

Arquitectura de agentes
Estructura que define cómo interactúan los distintos agentes de IA dentro de un sistema automatizado.

Automatización inteligente
Automatización que combina reglas, datos e IA para tomar decisiones adaptativas, no solo repetir tareas.

***Buyer* persona digital**
Representación del cliente ideal construida a partir de datos y análisis, utilizada en estrategias de *marketing.*

Calidad del dato
Grado de fiabilidad, coherencia y utilidad de los datos utilizados por sistemas de IA.

Canales digitales estratégicos
Plataformas *online* seleccionadas en función de los objetivos del negocio (por ejemplo, LinkedIn).

Ciclo de automatización
Proceso continuo de análisis, ejecución, evaluación y mejora de tareas automatizadas.

Contenido generado por IA
Textos, imágenes o vídeos creados por sistemas de IA como apoyo a la comunicación empresarial.

Criterio humano

Capacidad de supervisión, validación y decisión que debe mantenerse al usar IA en la empresa.

Datos estructurados

Información organizada en formatos claros (tablas, bases de datos) fácilmente procesables por la IA.

Datos no estructurados

Información en formato libre como textos, imágenes o vídeos utilizada por sistemas de IA avanzada.

Decisiones basadas en datos

Toma de decisiones apoyada en análisis objetivos y no únicamente en la intuición.

Documento estratégico

Archivo que integra objetivos, análisis, acciones y métricas para guiar la actividad empresarial.

Eficiencia operativa

Capacidad de realizar procesos con menos recursos gracias a automatización e IA.

Embudo de conversión

Recorrido que sigue una persona desde el primer contacto hasta la acción deseada (cliente, *lead,* etc.).

Escalabilidad de procesos

Capacidad de un proceso automatizado para crecer sin aumentar proporcionalmente el esfuerzo humano.

Estrategia digital

Plan que define cómo una empresa utiliza canales digitales y tecnología para alcanzar objetivos.

Experiencia profesional digital

Imagen que proyecta una persona o empresa en entornos *online* como LinkedIn.

Flujo de trabajo con IA

Secuencia de tareas en la que la IA interviene en distintas fases del proceso.

Generación asistida de contenido

Uso de IA para crear borradores que luego son revisados por personas.

Gestión del conocimiento
Organización y aprovechamiento de información interna mediante herramientas como NotebookLM.

Indicadores de rendimiento (KPI)
Métricas utilizadas para evaluar el éxito de una estrategia o acción.

Interacción hombre-máquina
Relación entre personas y sistemas de IA en procesos de trabajo.

Lenguaje natural (NLP)
Tecnología que permite a la IA comprender y generar lenguaje humano.

Marketing basado en datos
Estrategia de marketing que utiliza análisis de datos para definir acciones.

Modelo de lenguaje
Sistema de IA entrenado para comprender y generar texto de forma coherente.

Optimización de perfiles profesionales
Mejora estratégica de la información visible en plataformas como LinkedIn.

Orquestación de tareas
Coordinación de varias acciones automáticas dentro de un proceso empresarial.

Personalización de mensajes
Adaptación del contenido a distintos públicos mediante IA.

Plan de acción
Conjunto de tareas concretas con responsables y plazos definidos.

Plan de marketing
Documento que estructura análisis, objetivos, estrategias y acciones de marketing.

Posicionamiento profesional
Lugar que ocupa una persona o empresa dentro de su sector.

Procesos repetitivos
Tareas que se realizan de forma recurrente y son candidatas a automatización.

Relevancia semántica

Grado de coincidencia entre el contenido y los términos que buscan los usuarios o algoritmos.

ROI de la automatización

Valor económico obtenido al automatizar procesos frente al coste invertido.

Seguimiento y control

Evaluación periódica de resultados para realizar ajustes estratégicos.

Simulación de escenarios

Uso de IA para prever posibles resultados antes de ejecutar acciones reales.

Sistemas de recomendación

Algoritmos que sugieren contenidos o acciones en función del comportamiento del usuario.

Supervisión humana

Control y validación final de los resultados generados por la IA.

Transformación digital empresarial

Proceso de cambio organizativo impulsado por tecnología, datos e IA.

Visibilidad profesional

Nivel de exposición y alcance de un perfil o marca en entornos digitales.

Bibliografía

Monografías

→ LÓPEZ Benítez, Y.: *Agente IA. Cómo crear un agente IA paso a paso.* Antequera: IC Editorial, 2025.

> Libro introductorio que aborda los principales algoritmos de la inteligencia artificial, su funcionamiento y su aplicación en distintos ámbitos profesionales y empresariales.

→ LÓPEZ Benítez, Y.: *Algoritmos de la inteligencia artificial.* Antequera: IC Editorial, 2025.

> Obra práctica que explica de forma estructurada qué es un agente de inteligencia artificial y cómo diseñarlo e implementarlo paso a paso en contextos reales.

→ RUSSELL, S. & NORVIG, P.: *Artificial Intelligence: A Modern Approach.* Londres: Pearson, 2021.

> Obra de referencia que abarca temas como agentes inteligentes, aprendizaje automático, razonamiento, planificación y percepción.

Textos electrónicos, bases de datos y programas informáticos

→ Análisis de Mercado con ChatGPT: Identifica la Demanda, define tu Buyer Persona y crea buenos Hooks | Un Profe de Marketing, David García Amaya, de: <https://www.youtube.com/watch?v=ALabEHlACnk>

> Vídeo formativo que muestra cómo aplicar ChatGPT al análisis de mercado y a la definición de estrategias de *marketing.*

→ Curso NotebookLM + Gemini 2.5 Pro (Aprende a usar LA MEJOR IA), de: <https://www.youtube.com/watch?v=YqDNivrhBG0>

> Curso en vídeo que explica de forma práctica el uso combinado de NotebookLM y Gemini para análisis, estrategia y creación de contenidos con IA.

→ Free carousel maker & generator | AiCarousels, de:
<https://www.aicarousels.com/>

> Herramienta basada en IA que permite crear carruseles visuales de forma rápida para redes sociales y entornos profesionales como LinkedIn.

→ Frontier AI LLMs, assistants, agents, services | Mistral AI, de: <https://mistral.ai/>

> Plataforma especializada en el desarrollo de modelos de lenguaje avanzados y soluciones de IA orientadas a asistentes y agentes inteligentes.

→ Google AI Studio | API de Gemini | Gemini API | Google AI for Developers, de:
<https://ai.google.dev/aistudio?hl=es_419>

> Entorno de desarrollo de Google que permite experimentar, probar e integrar modelos Gemini en aplicaciones y flujos de trabajo con IA.

→ Google Gemini, de: <https://gemini.google.com/>

> Asistente de inteligencia artificial de Google diseñado para generar texto, analizar información y apoyar la toma de decisiones.

→ Google NotebookLM, de: <https://notebooklm.google/?hl=es>

> Herramienta de IA orientada a organizar documentos, analizar fuentes y sintetizar información para apoyar procesos de aprendizaje y trabajo estratégico.

→ Ingeniero de prompts: en qué consiste y por qué es tan demandado | IA-ON, de:
<https://www.ia-on.es/actualidad/ingeniero-de-prompts-en-que-consiste-y-por-que-es-tan-demandado/>

> Artículo divulgativo que explica el perfil profesional del ingeniero de *prompts* y su relevancia en el uso avanzado de la inteligencia artificial.

→ Impulsa tus Ventas en LinkedIn con WaLead.ai, de: <https://www.walead.ai/es>

> Herramienta de automatización con IA para la prospección y el contacto personalizado en LinkedIn orientado a la generación de *leads*.

→ Linked360 - Tu marca personal en LinkedIn, automatizada, de:
<https://www.linked360.ai/>

> Plataforma que utiliza IA para automatizar la creación de contenido y reforzar la marca personal en LinkedIn.

→ LinkedIn Email Finder and Sales Engagement Platform, de:
<https://leadleaper.com/>

> Herramienta enfocada a la extracción de datos de contacto y la gestión de oportunidades comerciales a partir de LinkedIn.

→ Microsoft Copilot, de: <https://copilot.microsoft.com/>

    Asistente de IA de Microsoft integrado en su ecosistema para apoyar tareas de productividad, análisis y generación de contenido.

→ Modelia, de: <https://modelia.ai/>

    Herramienta de IA especializada en la generación de modelos virtuales y contenidos visuales para moda y productos.

→ *Plugins* de AI | WordPress.com, de: <https://wordpress.com/es/plugins/browse/ai>

    Repositorio de *plugins* de inteligencia artificial para WordPress orientados a mejorar la creación, gestión y optimización de contenidos web.

→ Resume Worded, de: <https://resumeworded.com/>

    Herramienta de análisis automático que evalúa y mejora currículums y perfiles de LinkedIn según criterios profesionales y algoritmos de selección.

→ SellerPic, de: <https://www.sellerpic.ai/es>

    Plataforma de IA para crear imágenes de productos y modelos de moda de forma automatizada para *e-commerce* y *marketing* digital.

→ Semrush, de: <https://www.semrush.com/>

    Suite de herramientas de *marketing* digital basada en datos para análisis SEO, competencia y estrategias de crecimiento *online*.

→ Sign in | Google Accounts, de: <https://notebooklm.google.com/>

    Acceso alternativo a la plataforma NotebookLM para la gestión de información y fuentes documentales con IA.

→ Similarweb, de: <https://www.similarweb.com/>

    Herramienta de inteligencia digital que analiza tráfico web, comportamiento de usuarios y posicionamiento *online*.

→ Suno, de: <https://suno.com/home>

    Plataforma de IA que permite generar música y audio a partir de texto de forma automatizada.

→ Veo3 AI, de: <https://www.veo3ai.io/>

    Herramienta de IA orientada a la generación de vídeos a partir de texto para comunicación visual y campañas creativas.

→ Vidnoz AI, de: <https://es.vidnoz.com/>

    Plataforma de generación de vídeos con IA mediante avatares, voz sintética y texto para uso empresarial.